HUBERT BURDA

DIE
BUNTE STORY

EIN PEOPLE-MAGAZIN
IN ZEITEN DES UMBRUCHS

Pantheon

Abbildungen im Innenteil:
Archiv Burda Medien,
Helmuth R. Schulze 52/53,
Axel Bleyer 66/67,
Alexander Grimm/Getty 74/75,
Isolde Ohlbaum 90/91

Verlagsgruppe Random House FSC-DEU-100
Das für dieses Buch verwendete FSC®-zertifizierte Papier
Tatami liefert Fedrigoni Deutschland, Oberhaching.

Der Pantheon Verlag ist ein Unternehmen der
Verlagsgruppe Random House GmbH.

Erste Auflage
November 2012

Umschlaggestaltung: Jorge Schmidt, München
Satz: Ditta Ahmadi, Berlin
Druck und Bindung: Těšínska Tiskárna, Český Těšín
Printed in Czech Republic
ISBN 978-3-570-55221-6

www.pantheon-verlag.de

Für Friedrich Kittler, der mich gelehrt hat,
Homer, Pink Floyd, Nietzsche, Jimi Hendrix,
Alan Turing, Martin Heidegger und
»Paris Match« im richtigen Kontext zu verstehen.

Inhalt

Prolog

Zwölf Jahre lang war ich Redakteur bei »Bunte«, vom 10. Februar 1974 bis zum 6. Januar 1986. Zuerst als Urlaubsvertretung, dann als teuer bezahlter Lehrling eingesetzt, leitete ich schließlich ab 1976 als voll verantwortlicher Chefredakteur das Blatt.

Während meines Studiums der Kunstgeschichte in München hatte ich mir zwischen Tizian und Rubens, dem Auf- und Abstieg sozialer Schichten, den Theorien von Marx, Weber und Lacan nie träumen lassen, einmal diese Tätigkeit auszuüben.

Aus dem Doktorandenseminar des Kunsthistorikers Hans Sedlmayr geriet ich in die Welt der Yellow Press. Jetzt zählten nicht mehr Heidegger, Handke, Nietzsche oder Beethoven, sondern Heintje, Roy Black, Peter Alexander und Inge Meysel.

Ende 1990 erregte eine Ausstellung im New Yorker »Museum of Modern Art« mit dem Titel »High and Low« die internationale Kunst- und Kulturszene. Der Kunsthistoriker und damalige Kurator des Hauses, Kirk Varnedoe, wollte damit zeigen, wie in der modernen Kunst Hochkultur und Trivialkultur aufeinanderprallen und sich vermischen, wie moderne Künstler sich aus den Plakaten der Werbung und des frühen Films, Motiven der Zigarettenpackungen und Zeitungsannoncen ihre Motive und Anregungen holten.

Jahre später, beim nochmaligen Durchblättern des imposanten Ausstellungskatalogs, wurde mir schlagartig klar: Dieser Clash von »High and Low«, das war mein Leben, mein Thema.

Mein Buch handelt von meiner Zeit als Journalist und von 40 bis 50 fast gleichaltrigen Frauen und Männern, die zuerst in Offenburg

1990 fand in New York eine
wichtige Ausstellung statt:
»High and Low«, die den Einfluss
von Massenmedien und Advertising,
von Plakat, Magazinen
und TV auf die moderne Kunst
dokumentierte.

und dann ab 1983 in München die Illustrierte »Bunte« neu erfanden und vom Königs- und Märchenheft zum ersten deutschen People-Magazin umformten. In der Grossoauflage liegt »Bunte« heute gleichauf mit Publikationen wie »Der Spiegel« und »Stern« – hundertfach in Europa kopiert, aber doch einzigartig in ihrem Charakter.

Es wird oft behauptet, die große Zeit von Magazinen und Zeitschriften gehe zu Ende und das Internet setze sich als neues Leitmedium durch. Es lässt sich jedenfalls nicht übersehen: Wir stehen mitten in einer weltumstürzenden Veränderung, deren Bewältigung unsere ganze Energie erfordert. Mein Buch erinnert vor allem an eine Zeit, in der das Zeitschriftenmachen noch voller Abenteuer und Erfindungen war und in der es einen großen Spaß machte, mit einem von der ganzen Redaktion gemeinsam geteilten Lebensgefühl zu arbeiten. Darin mischte sich die Begeisterung für Elvis Presleys Song »Hound Dogs« mit dem Schwärmen für den neuen, direkten Erzählstil der Nouvelle-Vague-Filme. Wie es dazu kam?

1 Storytelling

Um 1740, also 50 Jahre vor der Entstehung
der Massenpresse in London, malte Christian
Wilhelm Ernst Dietrich, genannt Dietricy,
dieses Bild eines Moritaten-Erzählers.
In der Tradition der holländischen Maler wie
van Ostade ist der Bänkelsänger dargestellt,
der Zeigestock Bild für Bild durchgeht,
um seine Geschichten dazu zu erzählen.

In einem klugen Buch über Gärten kommt der amerikanische Romanist Robert Harrison auf den Renaissance-Schriftsteller Giovanni Boccaccio und die Kunst des Erzählens zu sprechen: »Die menschliche Kultur hat ihren Ursprung in Geschichten, und in ihrer fortlaufenden Historie werden ständig Geschichten erzählt. Wo wären wir ohne Geschichten? Ohne die Kunst des Erzählens? Ohne die narrative Organisation von Geschehnissen und die Strukturierung der Zeit, die sie vermittelt? In seinen förmlichen ebenso wie in seinen informellen Ausprägungen ist das Geschichtenerzählen eine der grundlegenden Formen menschlicher Interaktion. Das Gewebe des Lebens selbst wird in Geschichten hinein und durch sie gewoben, und dies in solchem Maße, dass die Qualität der menschlichen Konversation in erheblichem Umfang davon abhängt, wie weit wir die Kunst des Erzählens beherrschen.«

Diese Einsicht war mir nicht geläufig, als ich 1974 in der »Bunte«-Redaktion zu arbeiten begann. Ich wusste nur, dass es Menschen gibt, die gut schreiben können, aber schlechte Redner waren. Ich erinnere mich, einmal im Bundestagswahlkampf 1972 Rudolf Augstein in Bonn erlebt zu haben. Damals fragte ich mich: »Der kann so gut schreiben, wieso taugt er nicht als Redner?«

Beim Reden und Schreiben geht es um das Erzählen von Geschichten und, was die Zeitschriften angeht, natürlich um das Erzählen von Geschichten mit Bildern.

In meinem Büro hängt ein Gemälde des Malers Christian Wilhelm Ernst Dietrich (1712 – 1774), »Der Bänkelsänger«. Es entstand am Ende einer Entwicklung, an deren Anfang der Geschichtenerzähler mit seinen Moritaten die öffentliche Aufmerksamkeit auf den Jahrmärkten gewinnen wollte. Später, nach der ersten großen Romanschwemme und mit der Erfindung der Rotationsmaschine, übernahmen die Illustrierten – am Ende des 19. Jahrhunderts – die Rolle des Geschichtenerzählers.

Was sind die »Odyssee« und die »Ilias« anderes als glänzend erzählte Geschichten? Was der »Parzival« des Wolfram von Eschenbach oder der »Tristan« von Chrétien de Troyes? Stets geht es darum, Geschichte und Geschichten spannend, überraschend, interessant zu erzählen und die Neugierde der Zuhörer und Leser zu wecken.

Natürlich hat sich das Erzählen durch die Massenmedien verändert. Was einst nur – meistens mündlich – an eine höfische Gesellschaft adressiert war, wendet sich heute an viele, oft ganz verschiedene Zielgruppen.

Eine »Spiegel«-Geschichte unterscheidet sich vom Vorabendprogramm »Gute Zeiten, schlechte Zeiten« bei RTL, die Story und der Plot des ARD-»Tatorts« wiederum von einer »Bunte«-Geschichte über eine Königshochzeit. Nur wer spannend für die jeweilige Zielgruppe erzählen kann, findet Aufmerksamkeit. Davon hängen Auflage oder Einschaltquote, also der Erfolg auf dem Markt ab.

Wie das Talent fürs Geschichtenerzählen in meine Familie kam, bleibt weitgehend im Dunkeln. Von meinem Großvater, der als Sohn böhmischer Einwanderer in der Kleinstadt Offenburg ein – wie man heute sagen würde – Nobody war, ist bekannt, dass er 1909 in die

Narrengesellschaft »Althistorische Narrenzunft« eingetreten war und gerne in den Vorstand aufgenommen worden wäre. Bei der ersten Wahl fiel er jedoch durch und gelangte später nur durch den Rücktritt eines anderen Kandidaten in deren Präsidium. Ein Jahr darauf gestaltete er schon 14 Punkte des Redoute-Programms der großen Fastnachtsveranstaltung, die jeweils am Fastnachtssonntag – im Alemannischen einer der Höhepunkte des Jahres – stattfindet, dachte sich Geschichten aus und führte Musiknummern auf.

Von meinem Vater, der nach dem Zweiten Weltkrieg für ein paar Tage in Haft saß – er hatte über die französische Besatzung einige unflätige Bemerkungen gemacht –, geht die Legende, dass er den beiden Zelleninsassen ein ausgeklügeltes Erzählprogramm vortrug, um sich die Zeit zu vertreiben. Wenn der Anstaltspfarrer als guter Architektur-Kenner über die verschiedenen Baustile am Oberrhein referierte, schloss sich Franz Burda mit einem Vortrag über badische Dichter an, um am nächsten Tag über moderne Komponisten, danach über die Musik der Barockzeit und schließlich, am letzten Tag, über die heimische Tierwelt zu dozieren. Seinen beiden Zellengenossen soll es gar nicht recht gewesen sein, dass mein Vater schon bald entlassen wurde.

2 St. Moritz

Das Bergrestaurant »Chasellas« gehört zum Suvretta-Hotel in St. Moritz. Es erfreut sich besonderer Beliebtheit dank des fein zubereiteten Zürcher Kalbsgeschnetzelten mit goldbraunen Röstis. In diesem Lokal habe ich Anfang 1974 meinen 34. Geburtstag gefeiert.

In derselben Woche fanden in dem Engadiner Ort die alpinen Ski-Weltmeisterschaften statt. Franz Klammer und Hansi Hinterseer waren am Start, vor allem Gustav Thöni, der Südtiroler, der sich so elegant wie kein anderer seiner Konkurrenten zwischen den Slalomstangen bewegte.

Und so kam eine fröhliche Gästerunde zusammen: Willy Bogner, selbst ein Skistar, Suzy Chaffee, die amerikanische Freestyle-Meisterin, Journalisten wie Harry Valérien, Fredy Baumgärtel von der »Quick«, Franz Kneissl und Pepi Fischer, die Ski-Fabrikanten, und viele Bergsteiger, darunter mein Skilehrer und Bergführer Andrea Florineth.

Der Wirt des »Chasellas« hieß Johnny Geisler und war so um die sechzig, ein gestandener Schweizer, der unbequeme Gäste oft eigenhändig vor die Tür setzte. Meinen Vater verehrte er sehr und las alles von ihm, besonders dessen Kolumnen über die Verantwortung des Unternehmers. Meinen Freunden und mir galt sein leiser Vorwurf, wir seien eigentlich doch eher bequeme Nichtstuer mit reichem Background. Ganz falsch lag er mit der Einschätzung nicht.

Viel war mir bis dahin auch nicht gelungen. Mit 25 Jahren hatte ich zwar an der Münchner Universität promoviert und war stolz auf

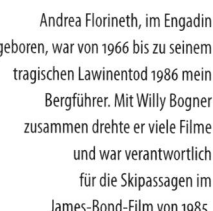

Andrea Florineth, im Engadin geboren, war von 1966 bis zu seinem tragischen Lawinentod 1986 mein Bergführer. Mit Willy Bogner zusammen drehte er viele Filme und war verantwortlich für die Skipassagen im James-Bond-Film von 1985.

meine Arbeit über den französischen Maler Hubert Robert bei dem Ordinarius für Kunstgeschichte Hans Sedlmayr. Doch danach hatte ich mich an der Monats-Zeitschrift »m«, einem Magazin für junge Männer, versucht und es in den Sand gesetzt. Meine Ehe mit Christa Maar war zerbrochen. Die »Sport Illustrierte«, ein von mir betreutes Blatt, musste wegen mangelnden Erfolgs eingestellt werden. Und schließlich verließ im Jahr 1970 Helmut Markwort, mit dem ich seit vier Jahren bei »Bild + Funk« gearbeitet hatte – er als Chefredakteur, ich als Verlagsleiter –, den Burda-Verlag in Richtung »Gong«.

Die rechte Geburtstagsstimmung mochte da erst nach der zweiten Flasche Aigle Clos des Murailles aufkommen.

Damals verbrachte ich fast jedes Wochenende in St. Moritz. Der Ort war in aller Munde. Gunter Sachs hatte sich im Turm des Palace-Hotels von Künstlern ein exklusives Appartement einrichten lassen. Dort standen neben einem Brigitte-Bardot-Porträt von Andy Warhol Plastiken von Arman, außerdem waren Arbeiten der Pop-Größen Lichtenstein und Rauschenberg zu sehen. Die Möbel waren von Allen Jones entworfen.

Der Fiat-Chef Agnelli war der ungekrönte König von St. Moritz, und alle hauchten nur seinen Vornamen: Gianni. Wie gerne wäre ich einmal zu einem seiner legendären Nachtessen mit Stavros Niarchos und Herbert von Karajan in der »Chesa Veglia« eingeladen gewesen!

Bei meiner Geburtstagsfeier wurden schließlich Wetten abgeschlossen, wer den Spezialslalom am nächsten Tag gewinnen würde. Mein Favorit war natürlich Gustav Thöni.

Am nächsten Mittag sah ich mir das Weltmeisterschaftsrennen an. Weil ich mit meinem Vater zum Nachtessen verabredet war, wollte ich nach der Siegesfeier sofort zurück nach Offenburg. Der Zieleinlauf des Rennens befand sich in einer Arena unterhalb der Bergstation der Signalbahn. Dort war auch ein Podest für die Siegerehrung aufgebaut. Wie ich erwartet hatte, gewann Gustav Thöni die Slalomweltmeisterschaft. Kurz nach der Medaillenvergabe aber – die Zuschauer verließen schon die Arena – kam es plötzlich zum kleinen Tumult. Pressefotografen hatten sich um eine junge Frau geschart und überredeten sie, auf das Siegerpodest zu steigen. Sekunden später stand sie auf dem Podium und winkte wie eine Siegerin mit erhobenen Armen der Menge zu. »Wer ist das?«, fragte ich den »Bunte«-Fotografen. »Sie heißt Silvia Sommerlath«, antwortete er, »stammt aus Heidelberg und ist die heimliche Geliebte des schwedischen Kronprinzen Carl Gustaf.«

Mich beeindruckte, wie sie auftrat: schön, selbstbewusst und siegessicher wie eine gerade gekürte Weltmeisterin.

Beim Abendessen in Offenburg fragte mich mein Vater, wie es denn in St. Moritz so gewesen wäre. Um ihn zu verblüffen, sagte ich ganz nebenbei, ich sei ziemlich sicher, dass die nächste schwedische Königin aus Deutschland kommen würde.

Er staunte, wie gut sich sein ansonsten an Kunst und Literatur interessierter Sohn auf einmal bei den Interna des schwedischen Königshauses auskannte.

Ob diese Bemerkung den Ausschlag gab für die einschneidendste Veränderung meines bisherigen Lebens? Jedenfalls sagte mein Vater: »Morgen gehe ich in Urlaub, vierzehn Tage nach Garmisch. Ich hätte gerne, dass du mich in der ›Bunte‹-Redaktion vertrittst.«

Silvia Sommerlath war 1972
Hostess bei den Olympischen Spielen
in München. Dort lernte sie
den schwedischen Kronprinzen
Carl Gustaf kennen.
Zwei Jahre lang gelang es ihnen,
diese Liebe geheim zu halten.

3 Wie alles anfing

Im Westen von Offenburg an dem
Fluss Kinzig steht das Hochhaus.
Erbaut 1962, beherbergte es die vier
Stockwerke der »Bunte«-Redaktion.

Mein erster Arbeitstag in der Redaktion fiel auf einen Montag. Die Redaktionsräume waren – streng hierarchisch von oben nach unten – in vier Stockwerken des Offenburger Verlagshochhauses untergebracht. Im obersten, 13. Stockwerk, residierte mein Vater, allgemein »der Senator« genannt, darunter die stellvertretenden Chefredakteure mit jeweiligen Ressorts, im 11. Stock Redakteure, im 10. die Grafik und das Fotolabor. Im 7. Stock befand sich das Text- und Bildarchiv.

Freundlich bis skeptisch wurde ich begrüßt. Die Ausgabe für die gerade beginnende Woche war, was die Vorproduktion betraf, schon fertiggestellt. Nur die Produktion der Titelgeschichte und der aktuellen Seiten standen noch aus.

Bei »Bunte« gab es damals zwei große Serien: einen großen Roman und einen Tatsachenbericht. Im ersten Heft, das unter meiner Leitung produziert wurde, schrieb der Schriftsteller Heinz G. Konsalik über einen Flugzeugabsturz in der Taiga und eine größere Strecke berichtete über die Geschichte der Familie Krupp.

Blättert man heute in einer der früheren Ausgaben von »Bunte«, dann fallen einem sowohl der Fortsetzungsroman als auch der Tatsachenbericht als zwei damals tragende journalistische Elemente ins Auge. Heute aber sucht man in einer Illustrierten, in einem Magazin vergebens nach ihnen. Wohin sind sie entschwunden? Der Fortsetzungsroman landete im Vorabendprogramm von ARD und ZDF. Er heißt jetzt »Lindenstraße«, »Gute Zeiten, schlechte Zeiten«, »Verbotene Liebe«, »Sturm der Liebe«, »Unter uns«. Der Tatsachenbericht hat sich unter dem Titel »Dokumentation« auf allen Kanälen etabliert.

Für mich als Neuling gab es zunächst nur ein Ziel: Ich wollte diese vierzehn Tage überstehen. Dabei wollte ich wenig verändern und die Redakteure nicht verunsichern, die das eingespielte Regiment meines Vater gewohnt waren. Wie eine Redaktion funktioniert, davon hatte ich eine gewisse Ahnung, seit ich während eines Aufenthalts in den USA in verschiedenen »editoral staffs« amerikanischer Magazine Erfahrungen gesammelt hatte. Mit dem Schreiben tat ich mich allerdings noch schwer. Dafür bewunderte ich Menschen, die druckreif diktieren konnten.

Und noch etwas fiel mir zunächst nicht leicht: Während meines Studiums in München hatte mich die Zeit des Aufbruchs in den sechziger Jahren, eine wilde Zeit, angeregt und intensiv beschäftigt. »Bunte« gehörte sicherlich nicht zu den Blättern, die, wie »Stern« und »Der Spiegel«, mit den Revolten, Kulturrevolutionen und »Neuen sozialen Bewegungen« sympathisierten. Das Klima in der »Bunte«-Redaktion bedeutete für mich also Umdenken und Verstehenlernen, wie hier die Welt gesehen und wie hier gearbeitet wurde.

Meine persönlichen Aufzeichnungen aus diesem Februar 1974 berichten von der Lektüre der beeindruckenden Studie »Über den Prozess der Zivilisation«, die der Soziologe Norbert Elias verfasst hatte, und vom Besuch einer Theaterpremiere in Berlin. Aufgeführt wurde das Stück »Die Unvernünftigen sterben aus« von Peter Handke. Hinterher ging es mit dem Autor, dem Theaterregisseur Luc

Bondy, der Künstlerin Rebecca Horn und Rudolf Augstein auf die Premierenfeier.

In einer ganz anderen Welt saß ich am 10. Februar im 12. Stock des Verlagshauses und hatte ein Heft vorzubereiten mit einer Titelgeschichte über die »Intime Ehebeichte von Curd Jürgens«, einem Farbbericht über den Schah beim Skifahren und einem Text über die Fernseh-Ansagerin Anneliese Fleyenschmidt: »Eine Frau ohne Alter«.

Die Redakteure von »Bunte« zählten zur Generation meines Vaters. Sie waren wohl etwas jünger als er, gestandene Routiniers, die früher für die »Quick«, die »Neue Revue« oder für Tageszeitungen gearbeitet hatten. Ihr Altersdurchschnitt lag bei etwa sechzig Jahren.

Die »Bunte« wurde in Offenburg konzipiert und hergestellt, und dieses Offenburg bestand vor allem aus einer großen Druckerei, die mein Bruder Franz leitete: gediegen, sachlich und handwerklich erfahren. Diese Nähe zur Druckerei prägte den Verlag. Mein Vater, kein gelernter Redakteur, besaß einen Meisterbrief als Drucker, und seine Königsidee bestand darin, auf großen Rotationsmaschinen eine farbige Welt zu drucken, also spannende Geschichten aus aller Welt zu erzählen, vierfarbig, bunt und zu einem günstigen Preis. Darum nannte er seine Hauptzeitschrift die »Bunte«.

Heute, da alles in Farbe gedruckt wird, kann man sich kaum mehr vorstellen, dass zu jener Zeit die Tageszeitungen und Magazine in Schwarzweiß erschienen. Vierfarbig bedeutete sechs Zylinder mehr, Gelb, Rot und Blau, verbunden mit gewaltigen Kosten. Als mein Vater den großen Farbbericht einführte, fuhr der Teilhaber am »Stern«, der Drucker und Freund meines Bruders Frieder, Richard Gruner, zu ihm nach Darmstadt und fragte ihn, ob er ausgerechnet hätte, was diese Vierfarbigkeit an Mehrkosten verursache. Wie immer die Antwort meines Bruders gelautet haben mag: Der »Stern« blieb zunächst bei Schwarzweiß.

Will man sich in die Welt Anfang des Jahres 1974 versetzen, dann muss man sich nur die Februar-Hitliste von Radio Luxemburg ansehen:

Mireille Mathieu »La Paloma ade«, Bata Illic »Schwarze Madonna«, Bernd Clüver »Der kleine Prinz« und die Les Humphries Singers mit »Kansas City«.

Seit mein Vater »Bunte« gegründet und geleitet hatte, stieg deren Auflage unaufhörlich. Für kurze Zeit überholte sie den »Stern«, was den langjährigen Redaktionsdirektor der »Quick«, Heinz van Nouhuys, zu der verächtlichen Bemerkung verleitete: »Die ›Bunte‹ ist gemacht für Offenburg, und in Deutschland gibt es viertausend Offenburgs. Das ist das Geheimnis ihres Erfolgs.«

Meinen Vater irritierte dies nicht, ihn interessierte nicht, was Nannen in Hamburg machte oder die »Quick« in München. Er hatte eine ganz bestimmte Leserin im Auge. Sie hatte vor dem Krieg neben ihm gewohnt, sie hieß Metzger, und ihr Mann war Hauptschullehrer. In den Geschäften sprach man sie mit »Frau Hauptschullehrer Metzger« an. Dieser Frau erklärte er die Welt. Ihr erzählte er von Liebesaffären und Kriminalfällen. Ihr stellte er gekrönte

Häupter vor. Ihr zeigte er vor allem die weite Welt in doppelseitigen bunten Bildern.

Das war die »Bunte«, wie ich sie damals vorfand. Ich kam also von Peter Handke zu Frau Hauptschullehrer Metzger. Dabei wusste ich, wenn ich diese Probezeit nicht erfolgreich bestehe, dann bekomme ich als Verleger keine Chance mehr.

4 Will Tremper

Von November 1975 bis zum
Frühjahr 1977 arbeiteten wir
Schreibtisch an Schreibtisch.
Mit Will Tremper wurden die Seiten
»Leute von heute, morgen und
gestern« erfunden. Seine Texte
waren bald Gesprächsstoff in
anderen Redaktionen.

Die Ferien meines Vaters in Garmisch gingen zu Ende. Mit den beiden Heften, die unter meiner Leitung produziert worden waren, war er zufrieden und übernahm wieder die Chefredaktion. Von da an wirkte ich an den morgendlichen Konferenzen mit und entwickelte zu seiner freudigen Überraschung schnell ein Gespür für die spezifischen »Bunte«-Themen.

Man sprach damals spöttisch von der heilen Welt, die von Offenburg ausstrahle. Aber wenn man sich heute das Samstagabend-Programm im deutschen Fernsehen anschaut, was ist das anderes als die Fortsetzung der damaligen »Bunte«: vom Musikantenstadl bis Carmen Nebel, von Hansi Hinterseer bis zu Rosamunde Pilcher? Und welche Zeitschrift erfreut sich heute der am schnellsten wachsenden Auflage? »Landlust«!

Die Sehnsucht nach einer heilen Welt bleibt auch heute ein konstantes Bedürfnis.

Am Beginn meiner Zeit bei »Bunte« bildeten sich allmählich zwei Gruppen in der Redaktion: die Mannschaft um den Senator mit dem Textchef Karlheinz Schönherr, dem Grafiker Jung, dem Bildchef Waldemar Dinkat und Walter Remus, der als Chef vom Dienst von der »Quick« gekommen war, und ein deutlich jüngeres Team, das mir nahestand, mit dem Österreicher Imre Kusztrich, dem Texter Günter Grössenberger, dem Chef vom Dienst Heinz Morstadt und Dieter Wurth als Hersteller.

Ich achtete darauf, dass es zu keinem Konflikt zwischen den beiden Redaktionsgruppen kam. So überließ ich dem Senator seine

Themen, arbeitete aber heimlich an einer neuen Titelbildstrategie und vor allem an einem neuen Hefteinstieg.

Als ich einige Jahre zuvor in München das Männermagazin »m« konzipierte, hatte ich immer Karl-Heinz Hagen und Günter Prinz bewundert, die Erfinder der Zeitschrift »Jasmin«. Die Leichtigkeit der Texte und die optische Aufbereitung der Themen in dieser Zeitschrift imponierten mir. Außerdem fiel mir noch ein anderer Journalist auf: Will Tremper. Dass er an Hildegard Knefs legendärem Bestseller »Der geschenkte Gaul« als Ko-Autor beteiligt war, wusste ich. Was mich aber noch mehr faszinierte, waren seine einfühlsamen Vorspänne und wirkungsstarken Titelzeilen. Ja, ich beneidete ihn um seine Schreibkunst.

In Zeiten von digitaler Textverarbeitung und von Google News kann man sich nicht mehr vorstellen, dass es damals nur zwei Arten von Journalisten gab: diejenigen, die gut schreiben konnten, und diejenigen, die sich dabei schwertaten. Zu Letzteren gehörte ich. Ich brauchte also einen wie Will Tremper. Aber wie an ihn herankommen? Und wie ihn aus München nach Offenburg weglotsen, wo er ein schönes Haus in Grünwald besaß?

Schließlich wandte ich mich an Emil Perauer, der lange Zeit unser Korrespondent in Paris war. Allerdings arbeitete er mittlerweile beim »Stern« und bildete mit Rolf Gillhausen und Will Tremper ein in der Branche berühmtes Trio. Ohne viel Aufsehen brachte er mich mit Tremper zusammen. Fazit des kurzen Treffens: Ich lud ihn ein, auf alle Fälle einmal in Offenburg vorbeizuschauen.

Am Erfolg von Hildegard Knefs »Der geschenkte Gaul« hatte Will Tremper großen Anteil. Fritz Molden, der erfolgreiche Verleger, erzählte in »Bunte«, wie das Buch entstanden war.

Vom ersten Augenblick an nahm mich dieser Vollblut-Journalist für sich ein. Und mir war sogleich klar, er ist genau der Mann, den ich brauchte, um »Bunte« in die Richtung zu bringen, die ich mir vorstellte. Es muss wohl dann im November 1975 gewesen sein, dass wir in seinem Haus in Grünwald bei München zum ersten Mal konzeptionell über »Bunte« sprachen.

Wir kamen schnell ins Gespräch, weil sein Schwiegervater Kurt Zentner zusammen mit meinem Vater eine Reihe von historischen Bildbänden herausgegeben hatte. Tremper zeigte sich recht interessiert daran, was ich ihm über »Bunte« erzählte. Neugierig fragte er mich, wie es mit der Illustrierten weitergehen werde. Das war für mich der Moment, ihm vorzuschlagen: »Komm doch für ein paar Wochen mit nach Offenburg.« Er hatte nichts dagegen.

Also besorgte ich ihm ein Appartement in Offenburg. Handwerker stellten dort hohe Regale für seine Bücher auf. Ihm wurde ein

Wagen mit Fahrer zugewiesen. Schließlich wies ich die Redaktions-
verwaltung an, Will Tremper das Honorar wöchentlich in bar auszu-
zahlen, wie er es wünschte. Die kleine badische Stadt gefiel ihm. Er
war ja selbst in einer Kleinstadt, in Braubach am Rhein, aufgewachsen. Er entdeckte den Charme der Wochenmärkte, unterhielt sich
gern mit dem Blumenhändler und entwickelte schnell einen Sinn für
die badische Lebensart.

Will Tremper war es auch, der mir meine Schreibhemmung
nahm. Er meinte knapp: »Setz dich hin, hier ist ein Bleistift! Schreib
nicht mit der Schreibmaschine! Schreib alles mit der Hand!« Anfangs
redigierte er noch meine Texte. Nach einer Weile hatte ich die Angst
vor der ersten Zeile verloren.

Der Hefteinstieg von »Bunte« war langweilig, da waren wir uns
schnell einig. Die Leserbriefe und ein »Weltspiegel« zum Gähnen,

Mathias Nolte, Sohn eines »Welt«-Redakteurs, kam im August 1976 nach Offenburg. Er wurde bald Trempers Assistent und schrieb viele der »Leute«-Geschichten.

das sollte es nicht mehr geben. Tremper schlug vor, sich einmal mit Karl-Heinz Hagen zu treffen, der lange Zeit erfolgreich »Jasmin« geleitet hatte. Also arrangierte ich ein Meeting in Offenburg. Dazu holte ich noch Wolf Rogosky, den kreativen Kopf der Werbeagentur GGK aus Düsseldorf, dessen IBM-Kampagne mir sehr gut gefallen hatte. Er schrieb die besten Anzeigentexte, die man damals lesen konnte.

Es ging zu wie in einer Jamsession. Einer posaunte heraus: Eine Illustrierte muss immer mit Leuten anfangen (ich glaube, es war Karl-Heinz Hagen), eine anderer stimmte ein, es müssen drei Seiten sein, und es müssen Leute von heute, von morgen und von gestern sein. Wolf Rogosky stand auf, ging in die Grafik und kam mit drei Seiten zurück. Sie zeigten große Textzeilen in Antiqua 42 Punkt und vier regelmäßige, feine Spaltenlinien, in die Personalien eingefügt

BUNTE weltspiegel

Keine Angst vorm bösen Wolf

BUNTE-Korrespondent Danilo Petrini berichtet aus Italien

Das vergangene Jahr des Umweltschutzes hat nicht viele positive Ergebnisse gebracht. Es gab zu viele Mißerfolge im Kampf um die Erhaltung jener Tiere, die vom Menschen ausgerottet werden.

Zu den wenigen Erfolgen gehört die Kampagne für die Erhaltung des Wolfes. Eine internationale Wissenschaftler-Gruppe wird das Leben des italienischen Wolfes genau studieren. Ein anderes Ziel dieser Wissenschaftler ist, zu beweisen, daß weder die Wölfe noch die Raubvögel, vor allem die Adler, so gefährlich sind, wie behauptet wird.

Um diese Tiere vor der Ausrottung zu bewahren, wurde kürzlich das „Versuchszentrum für die Erhaltung der im Aussterben begriffenen Fauna" gegründet. Initiator ist der 34jährige römische Zoologe Alessandro Maria Antoniani, der seit mehr als zehn Jahren das Verhalten wilder Tiere aus der Nähe studiert. Der junge Forscher lebt mit zwei Wölfen, drei Adler-Paaren, einem Fuchs, verschiedenen Falken und vielen anderen vom Aussterben bedrohten Tieren zusammen.

„Man spricht viel über Ökologie", sagt Antoniani, „aber niemand unternimmt etwas. Ich hoffe, daß es mir gelingt, Wölfe und Raubvögel in Gefangenschaft aufzuziehen und sie eines Tages wieder dort auszusetzen, wo sie verschwunden sind. Ich möchte ihre Fortpflanzung studieren und ein Reservat für Tiere errichten, die in der Natur immer seltener vorkommen."

Um seinen Plan zu verwirklichen, hat Antoniani seine Familie verlassen und sich in einem alten verlassenen Bauernhaus in der Nähe von Rom niedergelassen. Die Tiere leben teils in riesigen Käfigen, teils frei im Haus. Die Wölfin wurde von Antoniani selbst aufgezogen. Sie war nur wenige Tage alt, als er sie Bauern wegnahm, die sie benutzen wollten, die Mutter anzulocken und zu töten.

„Jetzt ist Mara drei Jahre alt", erzählt der Forscher. „Es war schwierig, sie aufzuziehen, aber es ist mir gelungen. Letztes Jahr habe ich von einigen Freunden einen am Bein verletzten Wolf-Rüden geschenkt bekommen, den sie in den Abruzzen gefunden haben. Bis jetzt ist es mir noch nicht gelungen, die beiden Tiere zu paaren. In letzter Zeit habe ich aber gemerkt, daß sie sich langsam aneinander gewöhnen."

Jetzt ist Antoniani dabei, die richtige Umgebung für das Nisten der Adler und der Falken zu schaffen. „Es ist sehr schwierig, aber ich hoffe, daß es mir gelingt. Meine Arbeit ist hart und hat nichts mit jenen kleinen Privatzoos zu tun, die heute bei reichen Leuten Mode sind. Ich glaube nicht an Ökologie, nur an Wissenschaftler, die in ihrem Fach kompetent sind, wie beispielsweise Biologen, Zoologen. Man kann die Natur nicht mit Reden retten. Die Unwissenheit hat dazu beigetragen, daß viele Tiere als gefährlich betrachtet und deshalb getötet werden. Man sollte anfangen, den Kindern weniger Märchen zu erzählen und etwas mehr Umgebung zu schaffen, für die sie die Tiere erleben können. Dies ist die einzige Lösung." ∎

Der Zoologe Antoniani lebt in einem Bauernhaus mit Tieren zusammen, um ihr Verhalten zu studieren. Am liebsten beschäftigt er sich mit der Wölfin „Mara".

Das Paradies der verlassenen Kinder

BUNTE-Mitarbeiterin Renate Winter berichtet aus Jugoslawien

Menschlichkeit wird in dem kleinen südserbischen Dorf Milosevac seit über vier Jahrzehnten ganz groß geschrieben. Die Bewohner haben es sich zur Tradition gemacht, fremde Kinder zu adoptieren und sich bis zu deren Volljährigkeit um sie zu kümmern. So als ob es ihre eigenen wären.

Mit dieser recht ungewöhnlichen Dorfsitte hatte 1931 die Bäuerin Frosina Pasic, heute 72 Jahre alt, begonnen.

Arbeitslosigkeit und bittere Armut hatte damals Tausende Frauen und Männer zur Auswanderung nach Amerika getrieben. Um in Übersee leichter und schneller zu einem Job zu kommen, setzten viele Mütter ihre kleinen Söhne und Töchter aus.

Die Bäuerin nahm sieben Buben und Mädchen in ihr ärmliches Haus auf. Sie hatte Mitleid mit den hilflosen Kindern. Bald folgten auch die anderen Frauen des Dorfes dem Beispiel der Frosina Pasic und kümmerten sich um die verlassenen Kinder.

Heute leben in den 380 Häusern des Dorfes rund 600 Kinder, die bei den Bauern von Milosevac ein neues Zuhause gefunden haben. Allein die Bäuerin Frosina Pasic hat bis jetzt 40 Buben und Mädchen großgezogen. Offizielle Stellen dankten ihr dafür mit einem Silberorden.

In den letzten zwei Jahrzehnten entwickelte sich aus dem Dorf ein modernes Kinderzentrum, in dem sich neben den Zieheltern auch Psychologen, Soziologen und Sozialhelfer um die Jungen und Mädchen kümmern.

Viele von den in Milosevac aufgewachsenen Adoptivkindern sind aus Dankbarkeit ihren „Eltern" gegenüber im Dorf geblieben, um die „Aktion Menschlichkeit" dann fortzusetzen. Denn noch immer werden Kinder von ihren Müttern ausgesetzt, die ihr „Glück" im Westen versuchen wollen. Aber auch Waisen, die ihre Eltern verloren haben, finden in Milosevac eine Zuflucht. ∎

Leposova Petrovic (M.) ist eine von den vielen Müttern in Milosevac, die fremden Kindern eine neue Heimat geben.

BUNTE 7

Leute von heute:

Limonade

Er hat sich verändert, dieser Chris Howland, was? Ist nicht mehr der alte Schlingel vorm Mikrofon, ist älter geworden, reifer, scheint ein paar Erfahrungen gesammelt zu haben, die ihm helfen könnten, das Comeback im großen Stil nun endlich zu versuchen. Nicht nur mit der ulkigen Serie „Vorsicht, Kamera!", die nächste Jahr wieder aufgelegt werden soll. Vielleicht auch mit einer größeren Unterhaltungssendung: beim ZDF liegt ein Konzept. In eindreiviertel Jahren ist Mr. Pumpernickel, der so schön falsch deutsch spricht, wieder auf die Beine gekommen. Lange sah es schlimm aus um ihn: Vom Whisky aufgeschwemmt (vorm Frühstück das erste Glas), mit zitternden Händen (80 Zigaretten täglich), und ohne Frau (die dritte war ihm weggelaufen), aber vielen Schulden auf dem ersparten 60-Betten-Hotel in Mallorca. Der Nervenzusammenbruch kam ausgerechnet bei der ARD-Sendung „Hit-Journal" in Saarbrücken. Mit 250 Mark in der Tasche und einem Handkoffer, traf er in Köln ein, wo Sharon, seine Tochter aus erster Ehe, wohnt. Pumpte sich 3000 Mark Startkapital und annoncierte „Frei für Auftritte!". Es war gerade Karneval, und Chris Howland war sich für nichts zu schade. Heute, zwei Jahre vor seinem Fünfzigsten, ist Mister Pumpernickel wieder oben. Hat im Fernsehen schon eine Gastsendung nach der anderen. Rückblickend meint er, die letzte Frau sei schuld an allem gewesen. So wie die vierte, Monika, sechsunddreißig Jahre alt, dafür verantwortlich ist, daß er wieder Fuß gefaßt hat. Glückwunsch, Chris! Und bleib bei Limonade. Wir wollen dich wiedersehen.

Gold

Mara frisiert Angela von Hohenzollern. Waschen und Legen 20 Mark. Dauerwelle 48 Mark, Färben oder Strähnchenziehen 45 Mark. Gediegene Preise für Münchens goldigste Coiffeurladen. Goldglänzende Marquisen, goldglänzende Türgriffe, goldene Wände, Vorhänge, Lampen, Palmen. Und Mara selbst – ein Rauschgoldengel, sagt man. Mara Cromer, einzige Tochter von Signore Parigi, des größten Figaros von Göppingen, aufgewachsen mit Kamm und Schere, den Papa unglücklich machend, als dieser Michael Cromer auflachte und sie einfach heiratete. Das war vor neun Jahren, und Mara brach dann doch das Herz; sie ließ den Ehemann allein nach München ziehen, half ihrem Papa noch vier Jahre brav im Göppinger Laden und eilte dann als „Hausfrau" nach Schwabing. (Mara! Da lachen die Hühner.) Auf der Suche nach einer Wohnung fand das Paar die Räume in der Kurfürstenstraße 12 – wie geschaffen für einen Salon. Seitdem zaubert Mara die ausgeflipptesten Frisuren und wird, unterstützt von neuen Kräften, mit der Kundschaft kaum noch fertig. Das ist von Margot Werner über Petra Schürmann und Marika Kilius bis zu Gunter Sachs, Bud Spencer, Fritz Wepper, Uli Hoeneß und den Rolling Stones alles, was jung ist und „in" ist in München. Außerdem gibt's für Wartende an einer Minibar zu essen und zu trinken. Maras goldener Laden ist eine Goldgrube.

Reibekuchen

So sieht einer aus, der mit einer Steuererklärung von 268 Mark Jahreseinkommen anfing und heute einen Umsatz von 210 Millionen Mark macht. Wenn man Vilim Vasata fragt, wie er das geschafft hat, dann sagt er, durch Teamarbeit. Als Grafiker, frisch von der Folkwangschule in Essen, hat er mit einem Schulfreund im Hinterhof eines Malermeisters angefangen. Selbst die Wände für das Atelier hochgezogen, einen Schreibtisch geliehen. Erster Auftrag war der Entwurf eines Streichholzschächtelchens für die Pfeifenraucher des Golfclubs Bergisches Land. Heute ist Vilim Vasata Boß der Werbeagentur Team/BBDO und hat gerade einen neuen Werbeauftrag über 20 Millionen Mark für die Zigarettenmarken „Camel Filter" und „Reyno" abgeschlossen. Vasata, Sohn eines Heizungsingenieurs aus Zagreb, als Elfjähriger nach Deutschland gekommen, ist mit seiner Werbeagentur der Drittgrößte im Land. Er wirbt für mehr als 70 verschiedene Produkte und Firmen: von Fotofilmen bis zum Klosettpapier, von den öffentlichen Bausparkassen bis zu den Sheraton-Hotels. Seine Agentur hat den harten Puschkintrinker Frank S. Thorn geboren und den Krawattenmuffel. Aber es hat auch andere Zeiten gegeben, wie die Kartoffelpufferzeit. Vasata über die ersten Jahre seiner Agentur: „Immer bis spät nachts gearbeitet, aber kaum Geld zum Essen gehabt. Da haben wir von Reibekuchen gelebt, aus der nächsten Imbißbude." Vasatas alter Schulfreund ist übrigens immer noch dabei. Er hat gerade die neue Team-Filiale in Hamburg übernommen.

Paragraphen

Vor zehn Jahren noch wäre die eine Stewardeß und die andere vielleicht Modezeichnerin gewesen, heute sind beide Jurastudentinnen: Monika Schneeweis, Miß Germany 1967, Pardon 1976, und Claudia Mühlhäuser (darunter), die Zweite wurde. Vor zehn Jahren begann die sogenannte Emanzipation der Weiblichkeit ihre Wellen zu schlagen. „Miß"-Wahlen, lieber Himmel, die haben sie damals weggelacht. Als Ausbeutung der Frau bezeichnet. Heute? Was machen Monika und Claudia, wenn sie mit dem Jurastudium fertig sind? Was immer sie vorhaben, sie haben sich ganz schnell auf dem Laufsteg gestellt, als die Herren der Schöpfung nach weiblicher Schönheit und nichts anderem riefen. Haben, wie in den guten alten Zeiten, ihre Maße (85 – 60 – 85 und 84 – 59 – 84) vorgeführt und die entzückenden Fragen nach der Haarfarbe (braun und rot), der Augenfarbe (grün und blaugrau) und den Babys beantwortet, die sie haben wollen (viele). Jetzt werden sie, statt Paragraphen, erst mal Kosmetik verkaufen. Ach ja: die dritte „Miß", Claudia Decker, ist natürlich aus Studentin: Pädagogik in Karlsruhe.

7

Die Eingangsstrecke von »Bunte« hieß »Weltspiegel« und berichtete von Korrespondenten wie in diesem Heft von 1974 aus Italien und Jugoslawien. Mit der Einführung der »Leute«-Geschichten 1976 begann die Story von »Bunte« als People-Magazin.

werden sollten. Tremper genügte ein Blick, und schon legte er mit dem Schreiben los.

In kürzester Zeit fand er einen eigenen Stil, und kurz darauf waren die neuen Personalien-Seiten in »Bunte« der Gesprächsstoff unserer Branche. Nannen schickte Rolf Gillhausen nach Offenburg. Der sollte Tremper dazu überreden, nach Hamburg zu gehen, denn er hätte doch beim »Stern« mit seiner Serie »Deutschland, deine Sternchen« einen großen Erfolg gelandet.

Der Umworbene blieb standhaft. Er hatte an Offenburg Gefallen gefunden.

Wenig später stieß Mathias Nolte aus München zu unserer kleinen Gruppe, Sohn des »Welt«-Feuilletonchefs Jost Nolte. Ihm folgte Charly Schmidt-Polex, den ich schon aus »m«-Zeiten kannte. Mit diesen Neuzugängen veränderte sich das Klima in der Redaktion, ja, ein neuer Lebensstil griff um sich. Jeden Donnerstag ab 23.00 Uhr mieteten wir ein Kino in der Innenstadt, um nach getaner Arbeit auszuspannen und zu feiern.

Bald fanden sich Mädchen ein, so, als wären wir eine Rockband. Als Stadtgespräch Nummer eins entfalteten wir eine magische Anziehungskraft auf alle, die in Offenburg auf Veränderungen aus waren. Meine Parole lautete: »Offenburg ist Kalifornien.« Wir hörten die Musik von den »Eagles«, und die Strophe aus »The last resort« wurde mein Credo: »There is no more new frontier, we have got to make it here«. Der Rhythmus der damaligen Pop-Musik hatte uns in Bann geschlagen. Nichts konnte unser Lebensgefühl besser ausdrücken.

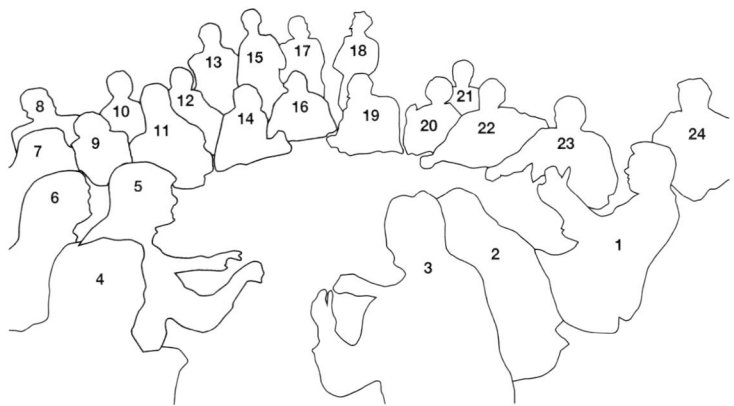

Namen der Personen auf den Seiten 38/39: 1 Dr. Hubert Burda 2 Ingrid Roth 3 Heinz Morstadt 4 Lutz Bergmann 5 Gerd Spiegel 6 Barbara Friedrich 7 Carl Schmidt-Polex 8 Hans Eberwein 9 Edgar Fuchs 10 Helmut Sohre 11 Günter Grössenberger 12 Erich W. Wolf 13 Wolfgang Uhrig 14 Imre Kusztrich 15 Nils Paulsen 16 Werner Rudi 17 Hans Recht 18 Dr. Willy Grafschmidt 19 Jens J. Meyer 20 Heinz Roßkopf 21 Hannes Obermaier 22 Ulrich Blumenschein 23 Will Tremper 24 Pitt Severin

Wir hörten natürlich auch Elvis Presley, und sein Song »Don't be cruel« weckt bei mir noch immer die stärksten Erinnerungen an diese Zeit.

Offenburg ist eine Weinstadt. Dagegen soll es ja in Hamburg Redaktionen gegeben haben, deren Kantinen keinen Alkohol verkauften. Nicht, dass wir in unserer Kleinstadt viel getrunken hätten, aber wir genossen eben mit einem Glas Riesling, den wir ins Kino mitbringen durften, den Film »Les Parapluies de Cherbourg«. Eine neue, beschwingte Art, zu leben und zu erleben, hatte von uns Besitz ergriffen.

In diese Stimmung – es war das Jahr 1976 – schlug eine Meldung ein, die für »Bunte« folgenreich sein sollte. Das schwedische Königshaus gab die Vermählung von Carl Gustaf mit der bürgerlichen Silvia Sommerlath aus Deutschland bekannt.

Redaktionskonferenz bei »Bunte«. Hinter mir sitzt Pitt Severin, der von Gruner & Jahr kam.

5 Silvia

Die Szene ist oft beschrieben worden: Am 3. März 1976 übergab mir der Senator die volle Verantwortung für seine »Bunte«. Ein Strauß von 100 Schneeglöckchen symbolisierte den Akt.

Die »Bunte«-Redaktion war in der Zwischenzeit erweitert worden. Kurt Kühne, legendärer Bildchef von »Jasmin«, war zu »Bunte« gekommen, und Will Tremper agierte als Textchef. Bald darauf folgten Andy Odenwald vom »Stern« und Uli Blumenschein, schließlich Manfred Geist, vormals bei der »Welt am Sonntag«. Mit Kurt Kühne kam auch Dieter Eisenlau, lange Zeit Art Director von »Jasmin« und »Eltern«.

In kurzer Zeit hatte ich eine Spitzenmannschaft zusammengestellt. Sie wurde noch ergänzt um die neue Redaktionsspitze von »Bunte Österreich«, Josef Gasser und Josef Kirschner.

Wie schafft man eine kreative Atmosphäre? Diese Frage trieb mich um. An den Wänden der Redaktionsräume brachte ich aufmunternde Leitsätze an. Einer, mit dem jede Redaktionskonferenz begann, lautete: »What's new Pussycat?«. Ein anderer, die Bismarck-Devise »Das Bessere ist der Feind des Guten«, zierte ein Poster. Das hieß im Einzelfall: Eine bereits fertig produzierte Geschichte musste weichen, wenn sich eine bessere anbot. Diese Situation trat ein, als im März 1976 der schwedische König Carl Gustaf bekannt gab, er wolle die Deutsche, Silvia Sommerlath, heiraten und zur Königin von Schweden küren.

Es war so, als ob die neue Mannschaft nur auf dieses Thema gewartet hätte. Paul Sahner, Tremper-Schüler und gerade zu

Feierlicher Moment. Anfang März
1976, also nach zwei Jahren der
Bewährung, werde ich Chefredakteur
von »Bunte«.

»Bunte« gestoßen, kannte sich in München-Schwabing besser aus als jeder andere und wusste um die Geschichten aller früheren Freunde von Silvia Sommerlath.

Will Tremper brachte die ganze Aufregung um Silvia und den schwedischen Hof in Hochform. Er telefonierte den ganzen Tag, recherchierte detailversessen und fühlte sich, als ginge es um ganz großes Kino. Manchmal waren bis zu fünfzehn Redakteure mit den Recherchen zu diesem Thema beschäftigt. Von März 1976 bis zur Hochzeit im Juni druckte »Bunte« 104 Seiten, 160 Fotos, acht Folgen.

Keine Frage, dieser Dauerbrenner, ergänzt um eine Werbekampagne, die Wolf Rogosky entwickelt hatte, steigerte die Auflage von »Bunte«.

Darüber hinaus sorgten Großplakate für erheblichen Gesprächsstoff in ganz Deutschland. Dass unsere Werbetexte durchaus taktlos waren, fiel uns weiter gar nicht auf. Rogosky, Sahner und ich – alle um die Mitte dreißig – wollten nur eins: Alle Welt sollte über »Bunte« reden. Ein etwas verstaubtes Wochenblatt hatten wir in ein freches, fast amerikanisches Tabloid verwandelt.

Im englischen Königshaus gibt es den schönen Satz »The Queen was not amused«. Damit ist man automatisch auf der »Royal sh…t-list«, wird nicht akkreditiert und erhält keine Interviewtermine. So erging es nun auch »Bunte« in Stockholm. Das Bild-Material hatte »Bunte« von allen möglichen Agenturen bezogen, was der neuen Königin Silvia gar nicht gefiel. Sie war verständlicherweise »not

Mehrere Wochen vor der königlichen
Hochzeit in Stockholm hingen in
vielen deutschen Großstädten diese
Großplakate mit den frechen Zeilen
über Silvias Vorleben.

amused«. Und »Bunte« durfte lange Zeit bei Hofe nicht erwähnt werden.

Einige Jahre später fuhr ich nach Stockholm. Freunde hatten geholfen, einen Termin bei der Königin zu arrangieren. Gleich zu Beginn des Treffens entschuldigte ich mich in aller Form für unseren damaligen jugendlichen Eifer. Die Königin ließ Gnade walten und gab mir das gewünschte Interview.

Die Ausgabe über Silvias Hochzeit war das bestverkaufte Heft in der Geschichte von »Bunte«.

Wie wichtig aber ist die verkaufte Auflage für das Anzeigengeschäft? Aus der Sicht eines Chefredakteurs, der ein erfolgreiches Blatt produzieren will, gilt die sogenannte Reichweite genauso viel. Die Reichweite einer Illustrierten wird von der Media-Analyse, kurz MA, ermittelt, die 18 000 Leser befragt. Dabei geht es darum, Ant-

Wien, die »Kronen Zeitung«,
Josef Gasser und Josef Kirschner
haben einen großen Anteil an der
Servicefunktion, die »Bunte« zum
Bürgeranwalt werden ließ.

Interviews mit Hans-Dietrich
Genscher, Helmut Schmidt,
Helmut Kohl und US-Präsident
Ronald Reagan machten die Politik
zum integrierten Bestandteil
von »Bunte«.

worten auf die Fragen zu erhalten: Wer kauft das Heft? Gibt der
Käufer das Heft an Angehörige der Familie oder Freunde und Bekannte weiter? Wie viele Personen lesen schließlich das einmal ge-
kaufte Blatt? Wenn zum Beispiel fünf Mitleser pro Heft ermittelt
werden, ist das für die Anzeigenkunden ein wichtiges Kriterium. Die
Reichweite übertrifft die Auflage bei weitem, wenn man pro verkauf-
tes Heft noch fünf Mitleser unterstellen kann. Die MA-Zahlen wurden damals im Juni veröffentlicht. Die Reichweite von »Bunte« ent-
schied darüber, wie viele Anzeigen von da an geschaltet wurden. Bei
den Befragungen der Media-Analyse – das wusste ich von meinem

Mit Franz Josef Strauß in Riad
während der Mogadischu-Geisel-
befreiung 1977. Mit Golo Mann und
Gianni Agnelli im Gespräch

Soziologiestudium – spielt vor allem das Image eines Magazins oder einer Zeitung die ausschlaggebende Rolle. »Ist das Image des Konkurrenzprodukts besser oder schlechter?«, lautet die entscheidende Frage. Ich wusste damals, dass ein Heft über die Silvia-Hochzeit zwar eine sehr hohe Auflage erzielt, den Titel »Bunte« aber in Richtung Yellow Press verschiebt. Das konnte bedeuten: weniger Ansehen, weniger Image und weniger Reichweite. Wie lässt sich so ein Trend umkehren? Das musste gelöst werden.

Mein erster Gedanke war naheliegend: »Bunte« musste bei den Meinungsführern und -bildnern ins Gespräch gebracht werden. Ich musste es fertigbringen, dass in den Kreisen der Politik und Wirt-

Mit Königin Silvia war zwar Auflage
zu machen, aber Reichweite bekam
man über spannende Interviews.
Zu »Bunte«-Konferenzen lud ich z. B.
meinen politischen Mentor Alex Möller
ein, Uli Hoeneß, Lothar Späth und den
ZDF-Intendanten Dieter Stolte.

schaft »Bunte« wahrgenommen wurde. Um das zu erreichen, lud ich fast jede Woche bekannte Persönlichkeiten aus Wirtschaft und Politik zur Heftkritik-Konferenz nach Offenburg ein. Ein anderer Weg bestand darin, Interviews mit herausragenden Staatsmännern zu führen, was ich gerne selbst übernahm. So entstanden vielbeachtete Gespräche etwa mit Walter Scheel, Helmut Schmidt, Helmut Kohl und später auch mit US-Präsident Ronald Reagan.

Neben dem Image-Kriterium achtete ich natürlich auf die Leser-Blatt-Bindung. Die Leser an »Bunte« zu binden hieß: Ihnen das Gefühl geben, das Heft sei für sie da und setze sich für ihre Anliegen ein.

Für die Redaktion bedeutete das, sich bei jedem Thema und jeder Geschichte zu fragen: Wie stark kann der Leser sich damit identifizieren? Wir nannten das unter uns »auf den I-Wert achten«.

In meiner Arbeit als Chefredakteur schielte ich weniger nach Hamburg und den dort erscheinenden Zeitschriften, sondern ich orientierte mich an Wien. Warum? Anfang der 70er Jahre hatte mein Vater von der Österreichischen Volkspartei (ÖVP) die Österreich-

Illustrierte gekauft und sie mit »Bunte« zu einem Titel vereint. Eine Redaktion in Wien wurde beibehalten, die von den zwei hervorragenden Chefredakteuren Josef Gasser und Josef Kirschner geleitet wurde.

In Wien imponierte mir auch das Boulevardblatt »Kronen Zeitung« und ihr Gründer Hans Dichand, Chefredakteur, Verleger und Inhaber in einem.

Die Societykolumne vom »Adabei« und die Rubrik des »Staberl«, des Bürgeranwalts der einfachen Leute, hatten es mir angetan. Mehrmals im Monat fuhr ich nach Wien und mietete das oberste Stockwerk im neu errichteten Verlagshaus der »Kronen Zeitung«. Mit den beiden Österreichern Gasser und Kirschner schmiedete ich Pläne, wie wir den Erfolg der »Kronen Zeitung« auf den deutschen Markt übertragen könnten.

Irgendwann im Frühjahr 1977 erklärte mir Tremper aus heiterem Himmel: »Ich habe jetzt genug Illustrierte gemacht und will nach Kalifornien, ein Drehbuch schreiben. Hast du nicht Lust, mitzukommen?«

1980 fliege ich mit dem »Bunte«-
Fotografen Helmut R. Schulze
nach Kairo. Sadat lädt mich ein zur
Wiedereröffnung des Katharinen-
klosters. Von dem Attentat 1981
auf ihn erfuhr ich, als ich bei Axel
Springer in Schierensee war.

6 Kalifornien

Los Angeles war Will Trempers Welt: Sunset Boulevard, Malibu, der Strand von Venice, Drehbuchautoren, Agenten, Stars und Schauspieler. Und er hatte es geschafft, mich nach Kalifornien zu locken.

In der neuen Umgebung fühlte ich mich zunächst ein wenig fremd. Mein Vater hatte mich gewarnt, nirgendwo könne man so viel Geld verlieren wie im Film. Ich sollte die Finger davon lassen. Wohl eher, um mich nicht zu leicht verführen zu lassen, hatte ich schweres deutsches Bildungsgut im Gepäck: »Doktor Faustus« von Thomas Mann und Tonkassetten der späten Klaviersonaten von Ludwig van Beethoven, über die Theodor W. Adorno so eindrucksvoll geschrieben hatte. Natürlich zog es mich nach Pacific Palisades, wo Thomas Mann in der Emigration gelebt hatte und Max Horkheimer und Adorno ihr tiefskeptisches Buch »Dialektik der Aufklärung« gemeinsam niedergeschrieben hatten. Ich besuchte die Witwe des Schriftstellers Lion Feuchtwanger, die in einer recht noblen Villa wohnte und ihr gepflegtes Münchner Bayerisch nicht verlernt hatte.

Doch es dauerte nicht lange, bis auch mich das unverwüstlich optimistische Kalifornien-Gefühl überkam. Die Zeilen des Songs »San Francisco« von Scott McKenzie, »Be sure to wear some flowers in your hair« und »such a strange vibration … there's a whole generation with a new explanation« drückten ein Lebensgefühl aus, von dem ich in Offenburg schon eine gewisse Vorahnung besaß. Nun aber war ich mittendrin unter jungen Leuten, deren Visionen sich deutlich von den Utopien der 68er-Protestbewegungen in der Bun-

»Bunte« war die Erfindung
meines Vaters. Es erforderte viel
Diplomatie und Einfühlung,
ihm dieses Gefühl zu lassen.

desrepublik unterschieden. Vertrauen in die Zukunft, Bereitschaft zu technologischen Innovationen und ein ungetrübter Glaube an die Wissenschaft hatte diese Generation Kaliforniens erfasst, aus der Stewart Brand mit seinem »Whole Earth Catalogue« hervorging. Und deren Unruhe und Energie sprangen ein Jahrzehnt später auf die Stanford-Universität in Palo Alto und Harvard über. Es war die Zeit, in der Bill Gates die Software für »Windows« schrieb und sich die ersten »start ups« im Internet bildeten, aus denen später dann Steve Jobs »Apple« baute und noch einmal einige Jahre später »Google« und »Facebook« entstanden.

Hollywood und seine Studios waren die andere Welt, der ich mich nicht entziehen konnte. Ich kapierte schnell, dass Kreativität in diesem Geschäft immer mit sehr viel Geld verbunden ist. Begabte, fantasie- und ideenreiche Leute verlangten astronomische Honorare.

Mir fiel auf, dass Walt Disney seine Filmproduktionen mit einer ganzen Vermarktungskette – bis hin zu den Erlebniswelten der Disney Parks – zusammenschloss und damit sehr viel Geld verdiente. Es war die Entdeckung der »entertainment economy«, der Unterhaltungsindustrie mit ihrem multiplen Geschäftsmodell – Film, Songs, Fernsehsender, Bücher und natürlich auch Zeitschriften. Komme, was da wolle, dachte ich mir, die Menschen suchen immer nach Unterhaltung. Diese Industrie ist krisenfest.

Es war dann auch die Professionalität, mit der man in Los Angeles im Filmgeschäft arbeitete, die mich beeindruckte. Filmproduktionen bildeten die Voraussetzung für das zukünftige Fernsehgeschäft in

Europa. Silvio Berlusconi hatte das schnell begriffen. Sein Aufstieg in Mailand faszinierte mich.

In Deutschland begann das private Fernsehen erst ab 1982. Leo Kirchs Geschäftstüchtigkeit gefiel mir. Wir beteiligten uns an seinem SAT.1 und hielten 15,6 Prozent, die meine Brüder im Jahr 1986 wieder verkauften.

Noch heute bin ich traurig, dass wir, die Firma Burda, viel zu früh aus dem Fernsehgeschäft ausgestiegen sind. Mit der Verkaufsentscheidung begann die Teilung des Unternehmens nach dem Tod meines Vaters.

Längst zurück aus Los Angeles, noch im Jahr 1976, erfuhr ich, dass mein Vater schwer erkrankt war. Er musste mehrmals am Darm operiert werden. Noch heute kommt es mir vor, als hätten die häufigen Anästhesien seine spätere Parkinson-Krankheit ausgelöst.

Der übermächtige Vater wurde allmählich schwächer und dachte daran, sein Lebenswerk zu ordnen. Meine Arbeit bei »Bunte« verfolgte er mit Wohlwollen. Er hatte Vertrauen zu mir gefasst.

In der Tat hatten sich die vielen Fragezeichen zu Beginn meiner »Bunte«-Zeit verflüchtigt. Deutschlands wichtigster Pressedienst, der Kress-Report, schrieb über mich: »Der promovierte Kunsthistoriker und begabte dilettierende Soziologe hat seine verlegerischen Jugendsünden hinter sich, belernt sich so langsam auch im Umgang mit den Mitarbeitern, schießt im Gebrauch von Fremdwörtern der komplizierten Art immer noch über das Ziel hinaus, aber am Werkstück ist er ›ganz wie der Vadder‹, knallheiß, eminent fleißig, kreativ, stets die Antennen ausgefahren. Auf seine Weise ist auch er stets sicher, zu wissen, was läuft.«

Meine Laufbahn als Verleger hatte ich ja nicht als Journalist begonnen, sondern ich war sehr früh im Vertriebs- und Anzeigengeschäft groß geworden. Mediaplanung, die Agenturen, Texter, Layouter, das war meine Welt. Und was das Anzeigengeschäft angeht, lief das meiste in Düsseldorf: DDB, das Team von Hubert Troost und GGK. Die Rheinstadt war meine Metropole mit ihren Künstlern und Galerien. So lernte ich eine Mischung unterschiedlichster Genialität kennen: Joseph Beuys, Willi Schalk, Vilim Vasata, Sigmar Polke,

Konrad Fischer, Wolf Rogosky, Hubert Troost und Bazon Brock – ein Hauch Kalifornien am Rhein.

Fast jede Woche war ich einmal bei Werbeagenturen, aber nicht nur in Düsseldorf, sondern auch in Hamburg und Frankfurt und stellte ihnen die neue »Bunte« vor. Ihr Image war, wie gesagt, in die Jahre gekommen – gekrönte Häupter und die heile Welt. Das wollte ich ändern. Mein ästhetisches Empfinden mit Mitte dreißig wurde von der modernen Kunst geprägt. Ich war »documenta«-Fan, sammelte Baldessari, Richard Long, Minimal Art und Jan Dibbets. Bei dem Galeristen Konrad Fischer hielt ich in Anwesenheit von Joseph Beuys eine Rede über »Media is Art«. Mich freute, dass Joseph Beuys, den ich gut kannte, zu den Zuhörern gehörte. Ich entwarf eine Anzeige, auf der nur stand: »Bunte, die große Alternative«. Mit einem einfachen Beispiel wollte ich sie erklären, erinnerte mich an einen alten Barkeeper-Spruch und nahm eine Flasche Mineralwasser und ein Glas zur Hand. Das Glas füllte ich bis zur Hälfte und sagte: »Es gibt zwei Mentalitäten. Nach der einen ist das Glas halb leer, nach der anderen halb voll.«

Etwas direkt gegen die Hamburger Zeitschriften »Stern« oder »Spiegel« traute ich mich nicht zu sagen. Ich wusste um die Qualitätsunterschiede, und der »Stern« unter Nannen und Gillhausen gehörte damals zu den bestgemachten Illustrierten der Welt. Wie also sollte ich die Option für halb voll verständlich machen?

Der Fluxus-Künstler und unabhängige Philosoph Bazon Brock war mein Kunstberater. Er forderte mich auf: »Du musst Thomas

Jefferson lesen!« Noch heute finde ich in meinen Aufzeichnungen von damals eine Bemerkung aus einer Rezension über Jefferson. Nach ihr wunderten sich die Europäer bis zum heutigen Tag über die amerikanische Unabhängigkeitserklärung, vor allem über die Sätze, die von Jefferson stammten: »Wir erachten es als selbstverständlich, dass alle Menschen gleich geboren sind, dass sie von ihrem Schöpfer mit gewissen unveräußerlichen Rechten begabt sind, dass zu diesen Rechten Leben, Freiheit und das Streben nach Glück gehören.« Ja, das war es. Das Streben nach Glück als unveräußerliches Menschenrecht – damit wurde die Vorstellungswelt meines Vaters, nach der ein halb eingeschenktes immer ein halbvolles Glas war, von höchster Warte aus gerechtfertigt und erlaubte mir, den spöttischen Vorwurf aus Hamburger Redaktionen zu entkräften, »Bunte« verkünde bloß die heile Welt.

Meine Predigten trugen Früchte. Der Enthusiasmus für den Pursuit of Happiness schlug ein. »Bunte« wurde immer dicker, die Anzeigeneinnahmen sprudelten, und ich konnte meine teuren Redakteure bezahlen.

Warum Bunte so ist und nicht anders.
Ob man eine Nein-Zeitschrift macht oder
eine Ja-Zeitschrift, wie Bunte,
ist keine Frage des Temperaments.

Markentechnisch wusste ich,
dass man »Bunte« neu positionieren
musste. Das Beispiel vom »halb-
vollen Glas« machte die Runde.

7 Media is Art

In meinem Elternhaus wurde ich schon früh dazu angeregt, mich mit den schönen Künsten zu beschäftigen. Es ging dort bürgerlich zu. Verlag und Druckerei bildeten die Basis, aber die musischen Interessen und Fähigkeiten wurden darüber nicht vernachlässigt. Schon mein Großvater aus Böhmen beherrschte acht Instrumente und imponierte durch seine Kunst, Geschichten mit Humor zu erzählen. Diese Fähigkeit vererbte er meinem Vater.

Der Plattenspieler in unserem Wohnzimmer war ein unerlässliches Medium. Wir hörten Lieder von Hugo Wolf, Klaviersonaten von Franz Schubert, den Klavierzyklus »Bilder einer Ausstellung« von Modest P. Mussorgski, vor allem aber alle Beethoven-Sinfonien, und zwar nur in Wilhelm Furtwänglers Interpretation.

Die Beschaulichkeit zu Hause verdankte sich der Tatsache, dass wir die Härten der unmittelbaren Nachkriegszeit im nur wenig zerstörten Offenburg kaum zu spüren bekamen. Die Druckerei war intakt geblieben. Die Rotationsmaschine lief im nahen Lahr, und es kamen immer mehr Aufträge herein. Für den eigenen Lehrmittel-Verlag wurden Texte von Thukydides, Platon und Cicero, Goethe, Hölderlin sowie Mörike gedruckt: schöne, billige Bücher in Antiqua-Lettern auf marmoriertem Umschlagpapier. »Burda Moden« wurde erfunden, und mit der Lizenz der französischen Besatzungsmacht entstand die Zeitschrift »Das Ufer«. Auf das Maisbrot bei Kriegsende folgte das weiße Weizenbrot, und in der Kantine der Burda'-schen Druckerei gab es peu à peu wieder Butter, Eier und Schweinefleisch. Ernst Jünger erwähnt in seinem Buch »Jahre der Okkupation«

den Besuch bei einer gastfreundlichen Familie Burda während der Besatzungszeit. Der Maler Erich Heckel machte Station bei uns auf der Fahrt zum Bodensee.

Der Mittelpunkt unseres musischen Zuhauses war meine Mutter Aenne. Ihre Leidenschaft galt der bildenden Kunst. Sie besuchte eifrig alle Ausstellungen des Deutschen Künstlerbundes Anfang der fünfziger Jahre, kaufte mit dem ersten übriggebliebenen Geld Bilder mit südlichen Landschaften von Hans Purrmann, symbolische Bilder von Werner Gilles und die in Ischia entstandenen Aquarelle von Hans Kuhn und Eduard Bargheer. Eine von mir sehr geschätzte Berliner Straßenlandschaft von Werner Heldt, die sie damals erworben hatte, hängt heute in meinem Münchner Büro.

Anfang der fünfziger Jahre tobte ein Weltanschauungs-Krieg zwischen denjenigen, die gegenständlich und figürlich malten wie Hans Purrmann und Karl Hofer, und denjenigen, die sich der abstrakten Malerei zugewendet hatten wie Willi Baumeister. Meine Mutter ließ sich von keiner Partei vollends einnehmen und erwarb eben auch ein Bild von Baumeister.

Meinen Vater zog es ebenfalls zur bildenden Kunst. Mit dem Maler Hans Kuhn – nach dem Krieg Professor an der Berliner Akademie – hatte er sich befreundet. Als die Kuppel der Offenburger Heilig-Kreuz-Kirche mit Fresken ausgemalt werden sollte, bat er Kuhn um Rat. Der schickte ihm einen jungen Maler, Werner Kunkel, der für mein Kunstempfinden eine Schlüsselrolle spielen sollte. Mit vierzehn Jahren besuchte ich ihn zwei Jahre lang jeden Tag nach

der Schule in einem eigens für ihn hergerichteten Atelier im Stadt-
wald. Dabei brachte er mir bei, wie man perspektivisch zeichnet,
Leinwände grundiert, die unterschiedlichen Pigmente zerreibt und
Malöl wie Terpentin dazugibt. Werner Kunkel nahm mir die Angst
vor der weißen Leinwand, so wie mir später Will Tremper die Angst
vor dem Schreiben austrieb.

Wegen dieser fast akademischen Ausbildung trieb mich mit
15 Jahren der Berufswunsch um, Maler zu werden. Meine Freunde
folgten einem anderen Drang und schrieben Gedichte oder besuch-
ten – ganz avantgarde-besessen – die Donaueschinger Musiktage, in
Deutschland nach wie vor eines der wichtigsten Festivals für zeit-
genössische Musik.

Doch meine Träume von einem Künstlerleben wurden jäh beendet, als mein Vater kurz vor meinem Abitur knapp, aber entschieden feststellte: »Du sollst Verleger werden!« Immerhin konnte ich
ihm noch einen Kompromiss abhandeln: Statt der ungeliebten Juris-
prudenz durfte ich Kunstgeschichte in München studieren.

In zwölf Semestern bis zur Promotion entwickelte ich mich zum
begeisterten Schüler einer bedeutenden Gestalt der damaligen
Kunstgeschichte, Hans Sedlmayr. Seine akademische Karriere hatte
er an der Wiener Universität begonnen. Sein Buch »Verlust der
Mitte« beherrschte die kulturkritischen Debatten der fünfziger
Jahre. Er erschloss mir die Kunst der gotischen Kathedralen, weckte
meine Begeisterung für Lorenzo de' Medicis Mäzenatentum und
wies mich in die Betrachtung der Werke Raffaels und Michelangelos

Die Empfangshalle im Haus meiner Eltern heute. Rechts das Bild von Willi Baumeister, das meine Mutter 1952 kaufte.

ein. Den Maler Hubert Robert, ein Zeitgenosse der Französischen Revolution, brachte er mir nahe. Über ihn schrieb ich meine Dissertation.

Mit dem Universitätsstudium und seinen intellektuellen Abenteuern hatte ich mich von dem Offenburger Ambiente und der Welt der Illustrierten entfremdet. »Neue Revue«, »Quick«, »Neue Illustrierte«, »Münchner Illustrierte«, »Stern« oder »Bunte« – ich hatte das Interesse dafür verloren.

Es kam mit meinem Vater zum Dissens über meine berufliche Zukunft. Schließlich wurde entschieden, ich sollte für einige Zeit nach New York ins »Exil« gehen. Im Jahr 1966 arbeitete ich dort bei Time Life und lernte Gil Maurer, den späteren Chef von Hearst, kennen. Bei Look Magazine studierte ich das Heft »Family circle« (aus den dort gewonnenen Erkenntnissen entstand später »meine Familie & ich«). In den Werbeagenturen traf ich auf den alerten Art Director Paul Maenz von Young & Rubicam. Der Besuch eines Beatles-Konzertes zählte zu den Höhepunkten meiner Freizeit. Am liebsten las ich damals den »Esquire«. Während eines Kurzbesuches in Chicago suchte ich die Redaktion von »Advertising Age« auf und schaffte es noch, bei Hugh Hefners »Playboy Mansion« vorbeizuschauen. Im großen Swimmingpool planschten ausgelassen junge, vollbusige Bikini-Schönheiten.

In New York war es wohl, dass ich zum ersten Mal etwas über Pop-Art hörte. Bis dahin hatte der Kritiker Clement Greenberg die dortige Kunstszene dominiert. Seine Deutung des abstrakten

Expressionismus setzte die Maßstäbe. Franz Kline, Jackson Pollock oder Mark Rothko verdankten ihm in den Fünfzigern ihren Aufstieg in der Kunstwelt. Figurative Malerei galt als verpönt und wurde von der Kunstavantgarde verachtet. Doch plötzlich im Jahr 1962 tauchten Bilder mit Gegenständen auf dem Kunstmarkt auf. Die Kunstszene empfand vor allem die »Campbell's soup cans« von einem Andy Warhol als Skandal und begegnete seinen Kreationen mit äußerstem Unverständnis. Doch der einstige Illustrator und Werbegrafiker löste eine Revolution aus, indem er alles aus der Populärkunst aufnahm, was er für glamourös hielt, und zu Kunstwerken erklärte: »Brillo Boxen«, Aufnahmen aus Illustrierten, Polizeifotos von Autounfällen, die trauernde Jackie Kennedy und Porträts der Schauspieler Marilyn Monroe und James Dean. In kurzer Zeit wurde Warhol die führende Figur der Pop-Art, zu deren Protagonisten noch Rauschenberg, Lichtenstein, Wesselmann und andere gehörten. Als ich in New York war, regierte Andy Warhol über mehrere Fabrikhallen, »factories« genannt, in denen auch Zeitungen, Filme und Popmusik produziert wurden. Mich faszinierten die Porträts von Film- und Showgrößen, die von Warhol in einen anderen, ästhetisch neuen Rahmen übertragen wurden. Das für mich damals Unvereinbare, die Kunstwelt einerseits, die Illustriertenwelt andererseits, hier schoben sie sich ineinander, hier wurde ihr mir unversöhnlich erscheinender Gegensatz aufgehoben. Warhol empfand ich wie Bob Dylan, Paul McCartney, Mick Jagger für die herausragenden Genies meiner Zeit.

Andy Warhol in Offenburg. Zum
70. Geburtstag meins Vaters porträtiert er ihn und meine Mutter mit
seiner Polaroid.

Bazon Brock, Professor für Philosophie und Ästhetik an der Hochschule in Wuppertal, hat mich auf Thomas Jefferson, die amerikanische Verfassung und den »Pursuit of Happiness« aufmerksam gemacht.

Wieder zurück in Deutschland, konzentrierte ich mich mit Helmut Markwort ganz auf die Arbeit an der Fernsehzeitschrift »Bild + Funk«. Wir residierten in einem neuen Verlagshaus an der Arnulfstraße in München. Als die frischen Erinnerungen an meine New Yorker Zeit allmählich in den Hintergrund traten, besuchte mich eines Tages der »Zeit«-Kolumnist Wolfgang Ebert und meinte während unseres Gespräches beiläufig: »Am Samstag läuft den ganzen Tag ›Chelsea Girls‹ von Andy Warhol im ›Türkendolch‹ in Schwabing.« Ich besuchte die Vorführung und wusste, von Warhol komme ich nicht mehr los.

Im Jahr 1968 organisierte ich mit Markwort eine Ausstellung für tschechische Künstler, die aus Prag – nachdem die Truppen der Warschauer-Pakt-Staaten die Stadt besetzt hatten – geflohen waren, darunter Jiří Kolář. Unser Engagement für die Freiheit der Tschechoslowakei wurde nicht von allen Intellektuellen in München mit Beifall honoriert. Aber meine Interessen galten da schon nicht mehr so sehr den politischen Debatten, sondern der Gegenwartskunst. In München war es vor allem die Galerie »Friedrich«, die mich anzog. Heiner Friedrich und Franz Dahlem, ein redebegabtes Duo, etablierte ein spannendes Forum für aktuelle Kunst an der Maximilianstraße und holte viele Künstler aus Deutschland und den USA in die Isar-Stadt. Deren Werke sollten später den Kanon der Kunst zwischen 1960 und 2000 bestimmen. Die Vernissagen der Galerie »Friedrich« waren soziale Ereignisse. Auf einer von ihnen lernte ich die Amerikanerin Brigid Polk kennen, eine Künstlerin und Gefährtin Andy Warhols. Sie erzählte mir, ihr Vater sei Chef von Hearst Magazines, und Warhol rufe sie jeden Abend an, um zu erfahren, mit welchen Schlagzeilen das Boulevardblatt »New York Post« am nächsten Tag aufmache. Diese Story gefiel mir ungemein: Der neue Star der Pop-Art, angekommen im Olymp der modernen Kunst, ist auf Klatsch und Sensationen aus.

Plötzlich fühlte ich mich von einem Vorwurf entlastet, den mir viele meiner Freunde zu machen schienen. Er lautete: Warum verrätst du deine Bildungs- und Kunstinteressen und wendest dich den Massenmedien deines Vaters zu? Hätten diese doch wenigstens das Niveau von »Der Spiegel« und »Stern«! Die Verachtung der Massenmedien – das war mir wichtig – wurde von Andy Warhol nicht geteilt. Er wurde für mich zur Symbolfigur dafür, dass die Welt der Illustrierten und die Welt der Kunst und Literatur nicht unvereinbar sind. Von da an lebte ich in beiden Welten, ohne die eine gegen die andere ausspielen zu müssen.

»Bunte« landet im Museum. Für
die Eingangshalle des Verlagshauses
in München fertigte Warhol dieses
vier Meter hohe Coverbild an, das
2012 Mittelpunkt der Frankfurter
Ausstellung »Headlines« im Museum
für Moderne Kunst (MMK) war.

Mein neues Evangelium hieß »Media is Art«, und alles, was Warhol unternahm oder um ihn geschah, verfolgte ich mit größtem Interesse: das Publikum im Studio 54, den Jetset, seine Entourage, die Sän-
gerin Nico und Lou Reed mit seiner Band »Velvet Underground«, die
Lokale, die er besuchte, die Fotomodelle und Bianca Jagger. Er ver-
wandelte die Welt in Pop-Art und kreierte einen neuen »Lifestyle«.
Für mich bedeutete das, dass meine angeblich triviale Journalisten-
Existenz einen neuen Kontext erhielt. Aus dem »Mega-out«, wie man
heute sagen würde, wurde über Nacht ein »Super-in«.

Jede Bewegung hat »agents of change«, Agenten des Wandels, in
Gestalt von Journalisten, Impresarios und Kunsthändlern. Im Falle
Warhols war das der Galerist Bruno Bischofberger aus Zürich, der
dessen Werke in Europa in Umlauf brachte. Es wird oft darüber gerät-
selt, wer die genial-lukrative Idee hatte, die alte Tradition der Porträt-
malerei wieder aufleben zu lassen, einst das Stammgeschäft, von dem
Künstler Jahrhunderte hindurch leben konnten. Es war Bischofberger,
der zusammen mit Warhols Manager Fred Hughes diese Idee hatte.
Und Bischofberger gewann unsere Familie dafür, unseren Vater von
Warhol porträtieren zu lassen aus Anlass seines 70. Geburtstages am
24. Februar 1973. Die Familie gab sechs große Porträts in Auftrag als
Geschenk für den Vater. Für das erste Porträt zahlten wir 25 000 DM
und für die weiteren je 5000 DM.

Aber das Aufregendste war: Andy Warhol kam von New York
nach Offenburg in Südbaden, um meinen Vater zu fotografieren.

Von da an entwickelte sich ein freundschaftliches Verhältnis zwischen Warhol und mir. Wir trafen uns häufig in New York, St. Moritz oder München. Dabei zeigte er mir einmal sein Index-buch von 1967, in dem er viele Ideen für Magazine skizziert hatte. Darunter war auch eine Bildplatte, in einen Umschlag eingeklebt. Sie nahm die Idee vorweg, die später das »Chip«-Magazin mit seinen im Heft eingeklebten CDs umsetzte.

Bei einem unserer Treffen sagte Andy einmal zu mir – ich war damals schon Chefredakteur von »Bunte«: »Hubert, you are so rich, du hast 4,8 Millionen Leser bei ›Bunte‹ und ich nur 500 000 bei ›Interview‹.« Das war der Anstoß für meine Idee, »Bunte« in ein People-Magazin zu verwandeln.

Als Chefredakteur von »Bunte« verfolgte ich vor allem zwei Prinzipien, die ich auch auf meinen Agenturreisen betonte: »Bunte« steht für »pursuit of happiness« – worauf mich Bazon Brock ge-bracht hatte – und »Media is Art«, die Idee Andy Warhols.

8 Der Sprung nach vorn

In den Redaktionen deutscher Illustrierten begann man nach ein, zwei Jahren über »Bunte« zu sprechen. Das hatte zwei Gründe. Zum einen waren neue Redakteure aus Hamburg und München zu »Bunte« gekommen: Norbert Sakowski, Pitt Severin, Edgar Fuchs, Werner Rudi, Dieter Steiner. Zum anderen steigerten sich die Zahlen, die die Media-Analyse (MA) für »Bunte« erhob. Das Interesse der Leser an ihr stieg ständig. Die MA-Zahlen wurden immer Anfang Juni publiziert, damit die Werbeagenturen rechtzeitig die Gelder für das kommende Jahr verplanen konnten. Neben der redaktionellen Strategie wusste ich, dass Zeitschriften im Konsum auch Prestigeobjekte sind und Titel, die mehr Ansehen und Reputation haben, eine höhere Reichweite erzielen als andere und dadurch auch mehr Anzeigen bekommen und folglich mehr Geld ausgeben können für teure Redaktionen, teure Fotos, teure Serien.

Unsere Anstrengungen machten sich bezahlt. Wir verkauften im Jahr 1978 über 1,4 Millionen Exemplare pro Woche.

Die Sommerferien desselben Jahres verbrachte ich mit Freunden auf einem Boot in der Türkei. Wir ankerten in Fethiye, schräg gegenüber von Zypern. Es war der 19. Juni, Punkt 12.00 Uhr, als mich meine Sekretärin Ruth Gudlat anrief, um die Sensation zu melden. Wir hatten den Abstand zum »Stern« deutlich verringert, »Quick« und »Neue Revue« waren abgehängt. Unsere Reichweite war von 10,9 auf 12,1 Leser gestiegen.

Das Konzept der »Großen Alternative« war aufgegangen, und mit den guten Zahlen kamen dickere Hefte. Bald hatte »Bunte«

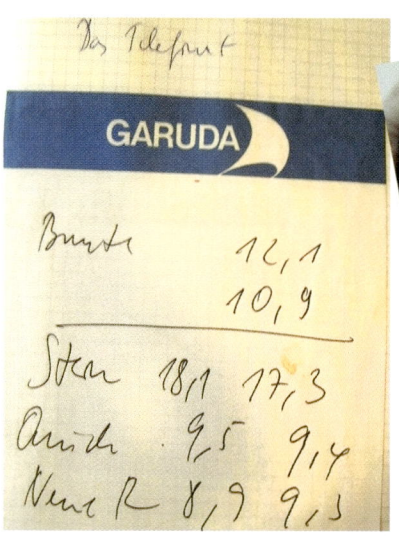

Auf dem Segelboot in der Türkei 1978 bekomme ich die neuen MA-Zahlen für »Bunte«. Die Reichweite war auf über 12 Prozent gestiegen.

320 Seiten Umfang. Das waren 200 Seiten Redaktion pro Woche. Also bis zu 40 Seiten, die täglich über meinen Tisch gingen. Natürlich hatten Ulrich Blumenschein und Andy Odenwald als Textchefs die Artikel redigiert und das Bildressort und die Art Direction die Seiten konzipiert, aber alles musste von mir kontrolliert werden: Ist das jeweilige Thema richtig in die Heftdramaturgie eingebaut? Wie wirkt seine Optik im Verhältnis zu den anderen Seiten? Sind die Fakten überprüft? Was wollen wir bewirken? Wen könnten wir verletzen? Was meint die Rechtsabteilung? Denn mit der größeren

Reichweite stieg die öffentliche Wahrnehmung des Blattes. Ebenso wuchs die Verantwortung.

Mein Manko war es, nicht als Journalist – »von der Pike auf«, wie man sagt – ausgebildet und eingeübt worden zu sein. Dafür wurde mein Doktortitel eher mit Misstrauen betrachtet. Die Mehrheitsmeinung war, entweder ist man ein Journalist von Natur aus oder gar keiner. Studienabbrecher waren in allen Redaktionen die Regel. Meine persönliche Einstellung zum Journalismus wich von der üblichen Selbsteinschätzung der Journalisten ab. Um sie bekannt zu machen, schrieb ich Merksätze auf, druckte sie und hängte sie in den Konferenzraum. Da stand dann zu lesen: »Journalismus ist Literatur in Eile« oder »Der erste Satz ist wie der Wurf mit dem Lasso nach dem Leser« oder »Der Wunsch nach Schönheit ist krisenfest«, schließlich: »Mischung: Auf harte Themen folgen weiche«.

Der Wurf des Lassos! Wie viele Vorspänne habe ich umgeschrieben, wie viele Dachzeilen verändert, um die Aufmerksamkeit der Leser herauszufordern!

Dabei half mir, dass ich mich während des Studiums immer für die Kategorien der Rhetorik interessiert hatte, die in der Zeit vor Gutenberg ja die Struktur der Kommunikation bestimmt hatte. Ich las Cicero, Tertullian, Augustinus, die mittelalterlichen Traktate über Redekunst oder Predigten von Savonarola und Abraham a Santa Clara.

Von der Captatio benevolentiae, dem Einfangen geneigter Zuhörer oder Leser, über die Persuasio, deren Überredung und Über-

Titelbildkonferenz: Michael Groß ist zweifacher Goldmedaillen-Gewinner bei den Olympischen Spielen in Los Angeles. Mit dem abgebildeten Funkgerät von Hasselblad waren wir in der Lage, direkt von Farbnegativen Farbauszüge zu erstellen und somit eine Woche früher am Kiosk zu sein. Rechts neben mir Heinz Morstadt, Chef vom Dienst, Dieter Wurth aus der Herstellung, ganz links Volker Hiß, Herstellung.

zeugung, bis hin zur Conclusio, der Zusammenfassung am Ende der Rede, lernte ich alle Schritte der vormodernen Rhetorik. Ich kannte natürlich auch die populären Theorien wie die Leiter, die Aufzählung von Fakten, den Kippschalter einerseits, andererseits die Zuspitzung, den Spannungsaufbau, die Notwendigkeit, den Leser zum Weiterlesen zu motivieren, bis hin zum Schemel mit seinen drei Beinen und die Zusammenfassung am Schluss: erstens, zweitens, drittens.

Viele der damaligen Redakteure gestehen mir heute, dass sie dieser Zeit nachtrauern. Denn wir waren eine verschworene Gemeinschaft, lebten vorwiegend in der Redaktion, begannen gegen 10 Uhr morgens mit der Arbeit, aßen zusammen zu Mittag und ließen uns gegen 20.30 Uhr das Abendessen in die Redaktion kommen. Oft war es Mitternacht, als wir die Büroräume verließen.

Ich hatte eine Wohnung im dem Verlag gegenüberliegenden »Langen Franz«, so hieß das Bürohaus, wo eigentlich Vertriebs- und Anzeigenabteilungen untergebracht waren. Nur oben war eine Etage mit Penthousewohnungen freigehalten worden. Eine von ihnen hatte ich mir eingerichtet, und ich bat Mathias Nolte, den mir mein Freund Michael Krüger empfohlen hatte, die Wohnung nebenan zu mieten. Ich litt an Schlafstörungen und hatte alle erdenklichen Herzprobleme. Ein Rettungsplan, der auch den Einsatz eines Krankenwagens vorsah, wurde erstellt, der zum Glück nie zur Anwendung kam. Meine Herzprobleme legten sich erst, als meine Freundin Mucki Göhner bei mir einzog.

Durch Tremper hatte ich sie kennengelernt. Sie arbeitete für die Zeitschrift »Carina« und wurde später Ressortleiterin bei der »Marie Claire« von Gruner+Jahr.

Noch immer denke ich daran, in welchem Tempo die Wochentage damals dahinrasten. Jeden Sonntag um 17.00 Uhr hatte ich Dienst, um das gerade produzierte Heft auf den aktuellsten Stand zu bringen. Zwölf Jahre lang. Aber ich mochte meine Mannschaft sehr. Der innere Kern hatte die Mentalität einer erfolgshungrigen Fußballmannschaft. Um die Qualität des »Stern« unter Henri Nannen wusste ich. Aber die »Quick« und die »Neue Revue« hatten die Schlacht gegen uns verloren und als Verlierer das Spielfeld verlassen.

9 Petrarca

In der Mitte jedes Jahres gab es einen Höhepunkt ganz eigener Art. Keine Leit- und Merksätze, kein Wurf des Lassos, kein Kampf um das Titelthema im Blatt. Es waren die Tage des Petrarca-Preises.

Den 600. Todestag des Poeten der Frührenaissance nahm Bazon Brock im Sommer 1974 zum Anlass, mich und meinen Freundeskreis in München dazu zu überreden, einen Literaturpreis ins Leben zu rufen, der sich gegen die vorherrschende engagierte und politisierende Literatur richtete. Der Name des Lyrikers Francesco Petrarca (1304 – 1374) sei Programm genug für eine ästhetisch richtig verstandene Moderne. Brock war von einem Aufsatz des Philosophen Joachim Ritter mit dem Titel »Landschaft« beeindruckt, in dem Petrarcas lyrische Beschreibung einer Besteigung des Mont Ventoux in der Provence als ein auf die Moderne verweisendes Ereignis gedeutet wurde. Die Jury war schnell zusammengestellt: Nicolas Born, Bazon Brock, Peter Handke, Michael Krüger und Urs Widmer. Ich fungierte als Stifter. Ab 1975 zeichneten wir Dichter aus aller Welt aus. Die Preisverleihung wurde auf drei Tage angelegt. Eine etwa 50-köpfige Gesellschaft aus Literaten und Literaturfreunden fand sich jeweils an einem Ort zusammen, der im Leben Petrarcas eine Rolle gespielt hatte. Neben der eigentlichen Preisverleihung wurden Lesungen und kunsthistorische Führungen veranstaltet.

Gehe ich heute den Bildband »Im Garten der Dichter« durch, der die ersten zwanzig Jahre des Preises dokumentiert, dann steigen die Erinnerungen wieder an die Dichterlesungen in italienischen Gärten und Villen auf, an Sarah Kirsch und Ernst Meister, an Zbigniew

Petrarca-Preis 1989 in Lucca,
er geht an Jan Skácel. Im Garten
der Villa Rossi liest Mario Luzi
seine eigenen Gedichte.

Herbert und Jan Skácel. Als letztes Jahr Tomas Tranströmer den Nobelpreis für Literatur erhielt, dachte ich an Vicenza 1981 zurück, wo wir ihn zum Petrarca-Preisträger gekürt hatten, und an das Bild des jungen Tomas, der im barocken Park des Hotels Michelangelo posierte, sowie an den gemeinsamen Besuch der Palladio-Villa »La Rotonda«.

Für viele, die mich nicht kannten, passte da einiges nicht zusammen. Und fremde Gäste, die zur Preisverleihung dazukamen, sprachen hinter vorgehaltener Hand vom »Illustriertenheini«, der sich nach intellektueller Aufwertung sehne. »Der Spiegel« berichtete im Juni 1977 gleich auf fünf Seiten über den Skandal bei der Preisverleihung an Herbert Achternbusch, der im Furor den Scheck für sein Preisgeld zerrissen hatte. Nur für mich war das Nebeneinander von »Bunte« und Petrarca-Preis kein Widerspruch. Aus der Historie der Münzprägung wusste ich, dass jede Münze zwei Seiten hat und auf jeder Seite ein anderes Thema steht. Erst beide zusammen ergeben das Bild der Stadt, des Landes, des Fürsten. Doch erst beide Seiten zusammen ergeben auch eine gültige Münze. Nur weil ich nicht bloß als Verleger Geld verdienen musste, sondern zugleich jemand war, der sich für Tradition und Gegenwart der Künste interessierte, konnte ich letztlich produktiv sein und die Zeichen der Zeit richtig erkennen.

Heitere drei Tage im Süden, mit Freunden, mit Dichterlesungen und einfühlsamer Betrachtung antiker Bauwerke und Renaissance-Kunst, das war der Petrarca-Preis. Die Exkursion entsprach der Grand Tour, die Zöglinge der englischen Aristokratie im 18. Jahrhundert zur Horizonterweiterung ihrer Bildung nach Italien und Griechenland unternahmen. Fast vierzig Jahre später existiert der Petrarca-Preis immer noch, zusammengehalten durch prägende Freundschaftserlebnisse seiner Teilnehmer.

Die Polarität zwischen der Welt der Kunst und der Welt der Printmedien habe ich dann aber erst in der schon erwähnten Ausstel-

High and Low – für den Titel des Buches »In Medias Res« wählte ich bewusst diese Collage von Pablo Picasso mit dem herausgerissenen Schriftzug »Le Journal«.

lung von Kirk Varnedoe – »High and Low« in New York Ende 1990 – vollends verstanden. Hier wurde gezeigt, dass schon der Beginn der modernen Kunst in der Auseinandersetzung mit der Mitte des 19. Jahrhunderts in Paris einsetzenden Plakat- und Werbetechnik, der Fotografie und etwas später dem Kino bestand. Auch Motive aus der Werbung fanden Eingang in die Kunstwerke.

Als ich im Herbst 2010 mein Buch »In Medias Res« publizierte, wählte ich als Titel eine Collage von Picasso, in der ein Papierausschnitt der damals bekannten Zeitung »Le Journal« verwendet wird.

Dass ich mich in der Spannung zwischen Illustriertenwirklichkeit und subjektivem Kunstempfinden – beim Lesen von Gedichten oder beim Betrachten eines Tafelbildes – bewegte, empfand ich als Inspiration. Kreatives Denken war für mich immer poetisches Denken. Mein sprunghaftes Denken und meine Lust an der Verknüpfung angeblich unvereinbarer Lebensbereiche suchte immer nach Bildern, nach Vergleichen, nach Metaphern. Poesie – das waren die seltenen Stunden der wahren Empfindung, wie Peter Handke eines seiner Bücher nannte. Andere Beispiele für kreatives Denken fand ich in Comics, Graffiti und Collagen.

10 Umzug nach München

Redaktionen sind wie gruppentherapeutische Experimente – immer in Bewegung. Zu Beginn der 80er Jahre spürte man so etwas wie eine Krise in der »Bunte«-Redaktion. Von Charly Schmidt-Polex, unserem Chefreporter, stammte der Satz: »Das Schönste an Offenburg ist die Ausfahrt nach München.« Die Kinder von Manfred Geist, dem stellvertretenden Chefredakteur, wurden in der Schule gehänselt, weil sie kein Badisch sprechen konnten. Der später zu uns gestoßene Franz Josef Wagner, auch Werner Rudi und Mathias Nolte verließen »Bunte«. Letzterer ging zu Ringier nach Zürich.

Es war nicht leicht, neue Leute zu »Bunte« nach Offenburg zu holen. Mir war klar, dass München als aufstrebende Medienstadt mit Zeitungen, Buchverlagen und gerade entstehenden Privatsendern der richtige Standort für »Bunte« sein würde. Dort arbeiteten von Burda schon die Redaktionen der »freundin«, der »Bild + Funk« und von »meine Familie & ich« unter der Regie des erfolgreichen Verlagsmanagers Karl-Heinz Hiller.

»Bunte« war in der Zwischenzeit ein großer Umsatzbringer für die zu Burda gehörende Druckerei geworden, und die Gewinne für den Verlag waren bedeutend, allein im Jahre 1979 waren die Anzeigenumsätze von 206 Mio. DM auf über 260 Mio. DM gestiegen. Sie hatte sich zum Flaggschiff des Verlages entwickelt.

Wie sollte ich dem Senator, dem Erfinder von »Bunte«, nahebringen, dass Offenburg nicht mehr der richtige Platz für eine moderne Zeitschrift sei?

MEIN  RENDEZVOU

Mit St. Tropez | Von Beate Wedekind. Fotos von Roger Fritz

Heißer Sommer in St. Tropez. Das gilt nicht nur für das Wetter. Denn das ist ja in Südfrankreich zu dieser Jahreszeit immer schön. Sondern es gilt auch für die Nachrichten. Wußten Sie zum Beispiel, daß Brigitte Bardot sich nur frühmorgens auf den Markt wagt? Oder kennen Sie den Grund, warum Gunter Sachs nicht an den geliebten Roulette-Tisch durfte?

Meister und Modell: Gunter Sachs, der Fotograf, bei der Arbeit mit Barbara im Park seiner V

Lang lebe St. Tropez!

Das Herz von St. Tropez: sein Jacht-Hafen

Alle Jahre wieder wird St. Tropez totgesagt. Unsinn. St. Tropez lebt und wird geliebt. Nur manchmal von zu vielen Menschen auf einmal. Im Sommer verwandelt sich das beschauliche Fischernest in einen Jahrmarkt der Eitelkeiten. Aber davon leben sie alle. Die Künstler und die Kaufleute. Und was wäre die schönste Jacht am Kai, wenn keiner sie bewunderte? Aber selbst im Sommer drängt sich der alte Fischerkahn zwischen die mondänen Boote, können die Hausfrauen ihren Fisch fangfrisch kaufen. Gleich nebenan, am Quai d'Épi, werden die Touristen im Akkord porträtiert. Aber Vincent Roux, der Maler, hat in seinem Stadtpalais am Place de la Garonne wieder einen Künstlerzirkel etabliert, wie einst Colette. Die Mischung macht's. Deshalb bleibt „Saint-Trop" in.

Der Arbeitstag des Fotografen Gunter Sachs beginnt um sechs. Abends. Dann ist das Licht am besten. Nicht, daß er vorher nichts tut. Als Roger Fritz und ich um zwei Uhr von Mirja Sachs am Rand des Swimmingpools begrüßt werden, sitzen Gunter und Rolf Sachs im Schatten auf der Terrasse. Das Sachs-Büro in St. Tropez. Nach einem herrlichen Mittagessen mit seinen 17 Hausgästen ("Das Haus muß voll sein, sonst fühle ich mich nicht wohl") will er noch ein paar Aufnahmen für sein nächstes Buch machen. Mädchen. Mädchen. Natürlich. Vom Strand schauen ein paar Touristen herauf. Gunter stört das nicht, im Gegenteil. Wenn er wollte, könnte er sich in sein Haus in den Bergen zurückziehen. Er will nicht. Das Haus überläßt er lieber seinen Freunden. Gunter, der Star

vom St.-Tropez-Highlife der sechziger Jahre, will den Rummel nur noch sehen. Und das kann er zur Genüge von seinem Garten aus. Der endet direkt über dem öffentlichen Strand

Gunters Devise: Arbeit ist Spaß

Harry im Wasserflugzeug – Rolf, Mirja und Gunter schieben an

neben dem Plage Tahiti. Wenn Gunter ausgeht, dann nicht mehr in St. Tropez. Das über-

läßt er seinem Sohn Rol unten). Gunter flitzt lie seinem Schnellboot „D vom Typ Cigarette m nach Monaco. Ein Drin Bar vom „Hotel de Pa Essen im „Grill" unter Himmel. Danach ein Sp im Kasino. Immer ein Sache, die Einladung Hauses Sachs. Diesn Pech für Gunter. Spielbankschreck. Den kam, streikten gerade d piers. Auch andere e Hobbys überläßt er Gärtner Harry, dessen V flugzeug unten am „parkt". Nur manchma dann packt es auch den wieder. Dann schwingt auf seine BMW und dre Runde am Hafen. Um z und gesehen zu werde um im Fahrtwind Fre spüren.

Die drei Sachs-Söhne in den Fußstapfen des Vater

Einen Vater wie Gunter Sachs zu haben, verpflichtet. Rolf (26) macht ihm schon alle Ehre. Im „L'Esquinade", der In-Disko von St. Tropez, tanzt er so gut, daß die Mädchen ihm nachschauen müssen. Cri-Cri (12) begrüßt die Damen bereits mit formvollendetem Handkuß. Und Alexander (1), genannt Halifax, lernt außer krabbeln (Foto) gerade auch sprechen. Viersprachig. Denn seine Mutter Mirja redet mit ihm englisch, französisch, deutsch und schwedisch. Damit auch er ein echter Weltenbummler wird.

Motor für Männer: die „Cigarette", ein amerikanisches Rennboot, ist das Luxusspielzeug der Saison. Zweimal 500 PS stark, 90 km/h „Reisegeschwindigkeit", 180 km/h Höchstgeschwindigkeit. 11,4 Meter lang. Kostenpunkt: rund 350 000 Mark

Menü mit Meerblick: Mirja, Rolf und Gunter Sachs (von vorn) und ihre Hausgäste beim Essen im großen Maurenzelt. Es gibt Frisches vom Markt auf dem Teller, feinen Wein im Glas und eine kühle Brise um den sonnenerhitzten Kopf

Spielchen mit Rolls-Royce und Roller

...en-Baden geht man um ...hn abends zu Bett, in ...la um halb fünf mor... Saint-Tropez immer ...n dem Frühstück – nach ...letzten Glas Champa... ...nem ersten Croissant im ...rille", dem Bar-Café am ...uffren. Zum Beispiel ...er durchtanzten Nacht ...haben auf der ...grauen Hochseejacht ..." von John Newman, ...nnn, der den Porsche 911 ...en hat. Ein typischer

Abend in St. Tropez. Und die Erklärung dafür, warum es im „Le Gorille" und bei „Sénéquier", der benachbarten Straßencafé-Konkurrenz – Erkennungszeichen: rote Regiestühle

Parkplatzsuchen ist Nebensache

–, erst wieder am Abend rund geht. Dann allerdings ist Hoch-Zeit für das schönste Spielchen des Tages: das Parkplatzsuchen. Die Harley Davidson, die

schwere Yamaha, das Modegefährt Motorroller kann schnell in Sichtweite abgestellt werden. Nicht so der Jeep, das Golf-Cabrio, der offene Rolls-Royce. Der muß erst einmal, zweimal, dreimal um den Block gefahren werden. Sehen und gesehen werden, nur das zählt. Ein Unternehmer aus Frankfurt beherrscht dieses Spielchen in Vollendung. Wenn er sich mit seinem kornblumenblauen Rolls-Royce-Cabrio „Corniche" genügend gezeigt hat, fährt er nach Hause und holt sein Motorrad. Oder seinen Helikopter, kornblumenblau wie der Rolls-Royce. Jedem sein Vergnügen. Und alle haben ihren Spaß.

Unter Palmen lebt es sich leichter

...rktrummel am Jachtha-... Reservierungszwang in ...staurants. Das ist die ei-...e von St. Tropez im Som-...hen also, verdrießt das ...Sie haben Häuser, Vil-...läste, versteckt in Pal-...n, in bewachten Pri-...s. Wie Eddy Barclay, ...hallplattenkönig. Wie ...e Morgan, Herbert von ...n und Roger Vadim. ...rie Jeanne Moreau, de-...ndhaus hoch in den Ber-...er auch wie Brigitte Bar-...ihrer Strandvilla La Ma-..., die sie – allen Unkenru-...n Trotz – nicht verläßt. ...nte BB am Samstagmor-...n Markt am Place des ...ar nicht übersehen. Eine ...it langen blonden Haa-...ans und T-Shirt, der stän-...halbes Dutzend Riesen-...um die Beine scharwen-...Sie, die Vegetarierin, ...müse und Obst für sich

selbst und Fleisch für ihre Hunde. Anschließend noch ein Plausch bei Madame Schneider, ihrer Bäckersfrau, gleich um die Ecke. Neben BBs La Madrague steht übrigens noch ein Haus, das Saint-Tropez-Geschichte machte: die Villa Tour et Voile (Turm und Segel) der Putzi von Opel. Augenblicklich wohnt dort der bolivianische Zuckermilliardär Serge Vasonoff (man spricht von 250 000 Franc Monatsmiete). Seine Freundin Nathalie zeigt mir.

Jeder nach seinem Geschmack: Helmut Berger kommt nach St. Tropez, um zu feiern. Mit schönen jungen Menschen rund um die Uhr. Lärm und Lust braucht er (links) wie Jeanne Moreau die Stille ihres Hauses hoch in den Bergen

nachdem wir beide auf einer Party von Helmut Berger nicht soviel Durchhaltevermögen wie seine Freunde, die Nachtvögel, hatten, das traurige Haus. Traurig deswegen, weil Putzi von Opel hier nicht mehr herkommen darf. Denn hier wurde sie in eine Rauschgiftaffäre verwickelt, die sie ins Gefängnis brachte. In ihrem blaugekachelten Badezimmer hängt eine Trockenhaube so von der Decke, als ob die Opel-Erbin gleich hereinlaufen würde. Und im Bücherregal steht ihr geliebter Simmel-Roman „Und Jimmy ging zum Regenbogen". Nur ab und zu lebt Tour et Voile wieder auf: wenn Vanessa, Putzis sechsjährige Tochter, mit ihrer Kinderfrau Lona hier Urlaub macht. Wie Vanessa folgt übrigens auch Sarah Biasini in St. Tropez den Spuren ihrer Mutter, Romy Schneider. Im Swimmingpool von Freunden lernt sie gerade Schwimmen.

Mit der Kolumne »Mein Rendezvous« begann die Karriere der Beate Wedekind. Ihre Kolumne war die meistgelesene in Deutschland.

Gunter Sachs, fotografiert von Roger Fritz an seinem Lieblingsort St. Tropez

Da fiel mir ein Trick ein. Ich erzählte ihm von den Schwierigkeiten in der Redaktion und was er von dem Plan halten würde, die Redaktion nach Stuttgart zu verlegen. Seine Worte habe ich bis heute nicht vergessen: »Nein«, sagte er, »bis du in Stuttgart von der Autobahn in die Stadtmitte kommst, kannst du lieber gleich nach München fahren.«

Ich wusste, dass mein Vater den Fleiß und die Tüchtigkeit der Schwaben sehr schätzte, sie aber nicht für Propheten eines heiteren »Lifestyles« hielt.

Das Ja des Senators für den Umzug nach München bekam ich prompt. Es war seine Entscheidung, und sie war richtig. Aus »Bunte« wurde dann in München die Großstadt-Illustrierte. Was mit Trempers »Leute«-Geschichten begonnen hatte, mit den »Interviews« – angeregt durch Andy Warhol – fortgesetzt wurde, fand mit der Kolumne »Mein Rendezvous« von Beate Wedekind seinen vorläufigen Abschluss: »Bunte« wurde das vielbeachtete People-Magazin, von dem ich immer geträumt hatte.

Wie kam Frau Wedekind zu ihrer Kolumne?

Am 6. Januar 1982 war ich in Zürich, um mit meinem Bruder Frieder den Scheck für die 25-Prozent-Beteiligung am Axel Springer Verlag zu unterschreiben. Am Abend hatte Eliette von Karajan in ihr elegantes Haus in St. Moritz eingeladen – ein kleiner Kreis, bestehend aus dem Ehepaar Agnelli, nahen Freunden und einer Reporterin der französischen Zeitschrift »Jours de France«. Es gab zwei große Gesprächsthemen: Der Dirigent Herbert von Karajan war begeistert vom Vierradantrieb des neuen Audi, den Gianni Agnelli sofort testen wollte. Beide fuhren noch vor dem Abendessen über den verschneiten Julierpass. Das andere Thema betraf die neue CD-Technik von Sony. Karajan meinte, das sei die perfekte Wiedergabe eines Konzerts, und er sei mit Sony übereingekommen, zukünftig alle seine Auftritte in Salzburg auf diese Art produzieren zu lassen. Ich saß neben der Reporterin aus elsässischem Adel, Hélène de Turckheim. Sie erzählte mir, dass sie über diesen Abend in ihrer Zeitschrift eine große Story bringen wird. Ihre Kolumne hieß »Mes Rendezvous«. So eine journalistische Neuerung wollte ich auch in »Bunte« platzieren. »Bunte« sollte mit am Tisch sitzen, exklusive Geschichten aus St. Tropez, Paris, Deauville oder St. Moritz präsentieren.

Zurück in der Redaktion, erzählte ich von der Idee. Es war eine junge Frau, die erst kürzlich zu »Bunte« nach Offenburg gekommen war, die ihre Hand hob: Beate Wedekind. Sie war nicht nur mutig, sondern schaffte genau, was ich wollte. Die regelmäßige Kolumne »Mein Rendezvous« etablierte sich schnell, und es fanden sich viele, die darin vorkommen wollten.

An Ostern 1982 gab ich in Offenburg bekannt, dass wir im Herbst des folgenden Jahres nach München umziehen werden – genügend Zeit, dies generalstabsmäßig vorzubereiten. In der deutschen Verlagsgeschichte kannte ich nur einen Umzug, und das war der des »Spiegel« von Hannover nach Hamburg.

An einem Sonntagmittag 1983 saß ich auf den gepackten Kisten im gerade fertiggestellten Bürohaus an der Arabellastraße in Mün-

Wir kamen mit 104 Mitarbeitern
nach München. 1335 Redaktions-
Mitarbeiter arbeiten heute in
mittlerweile drei Verlagsgebäuden.

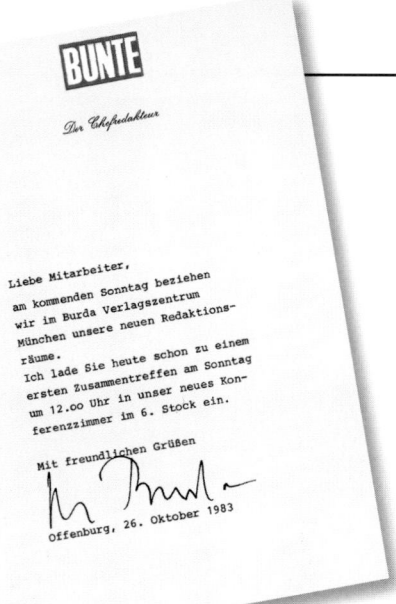

BUNTE

Der Chefredakteur

Liebe Mitarbeiter,

am kommenden Sonntag beziehen wir im Burda Verlagszentrum München unsere neuen Redaktionsräume.

Ich lade Sie heute schon zu einem ersten Zusammentreffen am Sonntag um 12.00 Uhr in unser neues Konferenzzimmer im 6. Stock ein.

Mit freundlichen Grüßen

Offenburg, 26. Oktober 1983

Die Arabellastraße 23 hat zwar keinen Symbolcharakter wie das Offenburger Hochhaus, aber ich war froh, dies als Ausgangspunkt für all die anderen Schritte in München zu haben.

chen-Bogenhausen – nervös, ob alles klappen würde. Für die Produktion hing alles nicht nur davon ab, ob die Redaktion sich eingerichtet und ihre Seiten fertiggestellt hatte, sondern zum ersten Mal musste das Material rechtzeitig nach Offenburg geschafft werden, eine logistische Herkulesarbeit. Die Druckerei war ja jetzt nicht mehr »überm Hof«. Entgegen all meinen Befürchtungen klappte der Neuanfang in München reibungslos. Von 220 »Bunte«-Mitarbeitern war knapp die Hälfte mitgekommen. Heute sind in München 1335 Redakteure tätig, und im Online-Bereich arbeiten über 1000 Mitarbeiter.

Viele neue Titel sind hinzugekommen: die »Elle«, »InStyle«, »Focus«, »Playboy«. Neben dem Burda Verlag arbeitet die Marquard-Gruppe mit »Cosmopolitan«, »Shape« und »Joy« und Condé Nast mit »Vogue«, »Glamour« sowie »Myself«.

Städte prägen die in ihnen entworfenen und realisierten Magazine, umgekehrt setzen Magazin-Redaktionen die Trends in der Stadt, in der sie erscheinen, aber auch deren Gesellschaft, Geschäfte, Restaurants und deren Lifestyle.

»Brigitte«, »Schöner Wohnen«, »Essen & Trinken«, der »Stern«

geben Hamburg einen ganz speziellen Stil, der sich von dem Münchens stark unterscheidet. Die Isarmetropole ist extrovertierter. Hier spielt es eine große Rolle, was die anderen Leute von einem denken. Nur in einer Münchner Zeitung konnte Anfang der 60er Jahre Hannes Obermaier seine »Leute«-Geschichten unter dem Pseudonym »Hunter« veröffentlichen.

Es ist zwar richtig, dass die tägliche Aufregung mehr durch die Politik und die Wirtschaft entsteht, durch Fernsehen und Tageszeitung als durch Magazine, aber wie man leben will, wie und mit wem man seine Freizeit gestaltet, wie man wohnt, wo und mit wem man Urlaub macht, ob man seine Wochenenden allein oder zu zweit verbringt und vor allem mit wem man wo gesehen wird – all dies hat mehr mit dem »Pursuit of Happiness« von Thomas Jefferson zu tun als mit dem direkten »struggle for life«, von dem Nachrichtenmagazine berichten.

1982 war auch das Jahr, in dem das private Fernsehen startete mit einem neuen Programm und mit neuen Themen. Plötzlich gab es mehr »Leute«-Geschichten und auch die Aufnahmetechnik hatte sich verändert. Man sah bei Fußballübertragungen nicht mehr nur das Spielfeld in Totalaufnahme, sondern die Gesichter der einzelnen Spieler, die Dramatik des Zweikampfes und den Freudentaumel um den Torschützen.

Erst viele Jahre später veröffentlicht der Hanser Verlag in München ein Buch von Georg Franck, »Ökonomie der Aufmerksamkeit«. Das war zehn Jahre, nachdem »Bunte« ein People-Magazin geworden war. Da fand ich eine ziemlich genaue Beschreibung dessen, was wir Tag für Tag in unserer Redaktion trieben: »Was ist angenehmer als die wohlwollende Zuwendung anderer Menschen, was wohliger als ihre teilnehmende Einfühlsamkeit? Was wirkt so inspirierend wie begeisterte Zuhörer, was ist so fesselnd wie das Fesseln ihrer Sinne? Was gibt es Aufregenderes als einen Saal voll gespannter Blicke, was Hinreißenderes als den Beifall, der einem entgegentost? Was schließlich kommt dem Zauber gleich, den die entzückte Zuwendung derer entfacht, von denen wir selber bezaubert sind? – Die Aufmerksamkeit anderer Menschen ist die unwiderstehlichste aller Drogen. Ihr Bezug sticht jedes andere Einkommen aus. Darum steht der Ruhm über der Macht, darum verblasst der Reichtum neben der Prominenz.«

Ist dies nur ein deutsches, ein nationales Phänomen? Sicher nicht. In der Zwischenzeit sind People-Magazine auch in Italien, in Frankreich, Spanien oder England die erfolgreichsten Zeitschriftenkonzepte. Aber ihr Erfolg in Deutschland hängt damit zusammen, dass die Niederlage im Zweiten Weltkrieg alle tradierten Sozialstrukturen zerstörte oder durcheinanderbrachte. Die alten Eliten in England, in Schweden und in Frankreich konnten sich halten und lebten nach Kriegsende ihren Stil weiter. In Italien gab es immer noch die Aristokratenfamilien, die Colonna, Orsini oder Borghese.

Die Bundesrepublik aber musste ganz von unten wieder anfangen.

Als ich in Marburg studierte, musste ich ein Referat im Fach Soziologie über Auf- und Abstiegsprozesse der Sozialschichten in der deutschen Nachkriegsgesellschaft halten. Wer kommt nach oben? Wer ist gescheitert? Dieses Thema spielt die Grundmelodie von »Bunte« – bis heute. Der frühere amerikanische Botschafter Kornblum verriet mir einmal auf die Frage, welches Magazin er in Deutschland am liebsten lese: »›Bunte‹, da weiß ich, wie die deutsche Gesellschaft funktioniert.«

Meine Zeit bei »Bunte« ging ihrem Ende entgegen. Mein Vater feierte seinen 80. Geburtstag, aber, anders als zu seinem 75., ganz zurückgezogen.

Wie würde es nach seinem Tod weitergehen? Das war die alles beherrschende Frage. Meine Brüder wurden Anfang 1985 unruhig und bestanden darauf, ich könne nicht Chefredakteur und Verleger in einer Person werden. »Wer soll sich denn um die neuen Objekte kümmern? Also bitte, suche einen neuen Mann für ›Bunte‹, wenn du selber wirklich der zukünftige Verleger werden willst.« Die Resonanz auf meine Entscheidung für Peter Boenisch blieb auf allen Seiten positiv. Allein Hannelore Kohl, für deren Stiftung ich in München in der Schackstraße ein Abendessen gab, war skeptisch.

1984 – nach dem Umzug nach
München ging der erste Betriebs-
ausflug zünftig mit Blasmusik und
einem Musikdampfer auf die Insel
Herrenchiemsee.

Und sie hatte recht. Pepe, wie er von allen genannt wurde, war ein feiner Kerl und ein guter Charakter. Nur mit dem Geldausgeben hatte er keine Probleme. In knapp acht Monaten hatte er die sehr profitable »Bunte« in die roten Zahlen gefahren, und schon im Oktober 1986 verließ er Burda wieder im freundlichen Einvernehmen.

Zwischenzeitlich war mein Vater gestorben, und wir Brüder waren übereingekommen, das Erbe unter uns aufzuteilen. Ich übernahm den Verlag und sie die Springer-Beteiligung, die Geschäfte in den USA, die Papierfabriken und die österreichischen Vertriebsfirmen.

Als ich im Mai 2012 meinen Bruder Frieder in seinem strahlenden Museum in Baden-Baden besuchte, sprachen wir darüber, wie richtig die damalige Realteilung war. Wir stimmten darin überein, dass wir drei in unseren Anlagen und Interessen zu verschieden gewesen seien, um zusammenzuarbeiten.

Für »Bunte« begann nun eine unruhige Zeit. Einen verdienstvollen Routinier, Lothar Strobach, der die »Freizeit Revue« zur Cash Cow gemacht hatte, holte ich als Chefredakteur zu »Bunte«.

Dann kam Günter Prinz und mit ihm eine Reihe der besten Boulevardjournalisten: der geniale Franz Josef Wagner, der dynamische Hans-Hermann Tiedje und der solide Claus Larass sowie der noch sehr junge Kai Diekmann, dazu Walter Mayer und Norbert Körzdörfer.

»Bunte« gab sich heißer als die »Bild«-Zeitung. Günter Prinz, der ungekrönte König bei Springer, bediente jetzt die Hebel bei Burdas People-Magazin. 1988 brachte das Magazin eine Geschichte über Thomas Gottschalk, über die sich dieser sehr ärgerte. Mein Freund Willy Bogner rief mich an und fragte, »Hubert, hast du das gelesen? Das ist ›Bild‹ nicht ›Bunte‹«. Gottschalk reagierte auf seine Art. Wenn ich es noch richtig in Erinnerung habe, ging er im ZDF mit seinem Freund Günther Jauch in die laufende Sendung, hielt das Heft in der Hand und zerriss Artikelseiten. Er beschimpfte mich als Verleger. Zu Recht.

Was jetzt wie eine Episode klingt, war in Wirklichkeit ein Paradigmenwechsel von Print zu TV. Jahrzehntelang haben die Magazine und die Tageszeitungen die täglichen Gesprächsthemen gesetzt. Das Fernsehen war fast staatsmännisch, sozusagen »von Amts wegen« seriös. Aber jetzt wurden plötzlich Personalstories lanciert, zunächst im ZDF. Natürlich hatte dies damit zu tun, dass unter der neuen Regierung von Helmut Kohl das private Fernsehen Einzug hielt und mit ihm ganz neue Formate gesendet wurden. Mittlerweile zeigen die Fernsehsender täglich eine Talkshow, eine Runde mit »public people«.

Für »Bunte« waren dies aufregende Jahre. Sie kam erst wieder in ein ruhigeres Fahrwasser, als mit Patricia Riekel 1996 die richtige Chefredakteurin gefunden war.

In den sechzehn Jahren, in denen sie die Zeitschrift geformt hat, sorgt sie jede Woche für aufregenden Gesprächsstoff.

11 Medien im Umbruch

Bill Gates lernte ich 1994 kennen.
Mit ihm war ein ganz neuer Held
geboren. Nicht Film, nicht Musik,
nicht Sport, sondern Software wurde
zum Motor des Erfolges.

Rückblickend erscheint mir das Jahr 1986 genau als der richtige Moment, die Chefredaktion abzugeben. Denn schon ein Jahr nach der Realteilung wurden die Zeiten unruhiger –nicht im Verlag, sondern in den Druckereien.

Ich erinnere mich, dass schon Ende der 70er Jahre mich mein Vater einmal über einen Glaskasten der englischen Firma »Crossfield« befragte, ob ich ihm erklären könne, wieso dieses »Kästchen« 560 000 DM kostet.

Es war der erste elektronische Scanner und der Beginn einer völlig neuen Art zu reproduzieren. Dieser Prozess war seit damals weitergegangen und hatte die klassischen Vorstufen des Druckens nach und nach überflüssig gemacht. Keine manuelle Retusche mehr, keine Montage, kein Maschinensatz mehr – all diese Arbeitsplätze wurden prekär. Die Mitarbeiter wussten dies und wurden unruhig. Zum ersten Mal gab es 1988 Demos auf dem Firmengelände in Offenburg.

Von da an wusste ich, dass die Zeiten Gutenbergs in der Drucktechnik zu Ende gehen. Als dann Rupert Murdoch mit mir für den ostdeutschen Markt eine Boulevardzeitung startete und ich im Januar 1991 bei dem beginnenden Feierabend-Verkehr in der einstmaligen Stalin-Allee, die zur Druckerei in Vogelsdorf im Osten Berlins führte, frage, wie kriegen wir denn jetzt das Material zum Redaktionsschluss um 18.00 Uhr in die 32 km entfernte Druckerei, zeigte einer der englischen Techniker auf die Steckdose und sagte »through this box«.

Die »Super!«-Zeitung, die im Mai startete, war weltweit die Erste, die direkt vom Computer als Schreibgerät auf den Zylinder ging. Als wir das Abenteuer mit der »Super!«-Zeitung im Sommer 1992 beenden mussten, nahm Helmut Markwort für seinen geplanten »Focus« die technische Umsetzung mit, die die Grundlage für das grafische Erscheinungsbild des Magazins bildete.

Die »Focus«-Geschichte ist oft erzählt worden. Es war ein noch viel größeres Abenteuer als die »Super!«-Zeitung, doch es gelang. Im Frühjahr 1994 verdienten wir das erste Geld und konnten beginnen, die Investitionen zurückzuzahlen.

Aber nicht nur die Zeiten änderten sich, auch die Helden. Nicht mehr Andy Warhol oder Mick Jagger, sondern ein junger Amerikaner war der neue Held. Sein Name: Bill Gates. Ich lernte ihn auf dem Weltwirtschaftsforum in Davos kennen und fuhr im Sommer 1994 nach Kalifornien. Dort blieb ich fast einen Monat in Palo Alto und Cupertino, besuchte Electronic Arts, Intel, Amazon und Microsoft. Die Perspektiven der digitalen Revolution setzten meine unternehmerische Fantasie in Bewegung.

1995 hatte die Industrie- und Handelskammer in Bonn zu einer Pressekonferenz mit Bill Gates eingeladen. Wir beide wurden gefragt, wie das neue Geschäftsmodell aussähe: »Where will the money come from?«. Gates antwortete, »From Advertising«, und ich meinte vom E-Commerce. Beide hatten wir recht. Nur, das Anzeigengeschäft ging nicht zu Microsoft, sondern zu Google, der Firma, die innerhalb von zehn Jahren zum weltweit größten Verlagsunternehmen aufgestiegen ist. Und der E-Commerce ging nicht zu den Print-Verlagen, sondern zu Amazon, die mit Büchern anfingen und heute der größte Versandhändler der Welt sind.

Im Jahr 2005 hatte ich eine neue Konferenzform gestartet, DLD. Die erste Konferenz über digitalen Lifestyle und Design in Deutschland. Vier Jahre später, es war die fünfte DLD-Konferenz, erfuhr ich von meiner Frau Maria, zum Nachtessen sei ein junger Mann eingeladen, der auf der Konferenz von allen bewundert werde. Ich war gespannt. Nur der junge Mann fand sich gar nicht in unserem Esszimmer ein, sondern ging gleich ein Stockwerk höher zu meinen Kindern Jacob und Lisa. Die beiden hatten Freunde ihrer Altersgruppe zwischen 16 und 19 Jahren um sich versammelt. Der junge Gast wollte herausfinden, wie diese Teenager ein soziales Netz wie Facebook nutzen, wie sie chatten, welche Fotos sie posten und welche Songs sie untereinander austauschen. Nach den Recherchen bei der recht jungen Zielgruppe verließ er eilends unser Haus, nicht ohne sich vorher noch höflich bei meiner Frau und mir zu verabschieden: Es war Mark Zuckerberg. Dieser Auftritt lehrte mich zwei Dinge: Zuckerberg hatte anscheinend eine Software entwickelt, die von den Unter-zwanzig-Jährigen sofort angenommen wurde. Sie entsprach deren Kommunikationsbedürfnis, neue Freunde kennen zu lernen und sich mit ihnen auszutauschen. Und noch etwas spielt bei den sozialen Netzen eine entscheidende Rolle. Deren Inhalte werden von den »Usern« selbst generiert: die Gesprächsthemen, die Auswahl der Freunde oder Freundinnen, die Selbstdarstellung durch

2011 luden wir Stewart Brand
auf die DLD-Konferenz nach
München ein, der 1968 mit seinem
Katalog »Whole Earth Catalogue«
das Kultbuch der Hippie-Generation
schuf. Wie aus dieser Welt dann die
Internet-Start-ups entstanden,
war Gegenstand der Diskussion.

Fotos, Videos oder Texte. Man ist nicht mehr auf einen Vermittler angewiesen. Die »peer group« oder die Beziehungsgruppe bildet sich aus der Kommunikation der »User« heraus und bedarf nicht mehr der Redaktion einer Zeitschrift. Diese umstürzende Innovation, die in den USA damals schon erfolgreich war, wann wird sie in Deutschland einsetzen, fragte ich mich. Welche Folgen wird das für die Medien in Deutschland haben?

Der Siegeszug von Mark Zuckerbergs »Facebook«, auch in Deutschland, vollzog sich schneller, als die meisten Medienexperten vorhergesagt hatten. »Facebook«, im Februar 2004 gegründet, zählt jetzt international rund eine Milliarde Nutzer, wird seit Mai 2012 an der New Yorker Börse notiert. Auf »Facebook« folgte »Twitter« , das ein ähnliches – wie man im PC-Englisch sagt – »crowdsourcing«, also eine ähnliche Reichweite unter Nutzern erreichte. Nur ist »Twitter« ganz auf Nachrichten und Information eingestellt. Jeder »Twitter«-Nutzer wird zum Informanten, zum »stringer«. War es früher für Nachrichtenmagazine wie Illustrierte entscheidend, ob ihre Informanten die wichtigen Neuigkeiten aufgriffen und ob sie auf dem richtigen Posten platziert waren, so ändert sich durch »Twittern« der Zugang zu sensationellen Nachrichten grundlegend. »Twitter«-Nutzer stellen von sich aus per »Smartphone« in Sekundenschnelle die Informationen ins Netz, die sie für brisant halten. Der von den Redaktionen der Zeitschriften eingesetzte, exklusive Informant verliert damit seine Bedeutung. Die Beschaffung von Nachrichten und Informationen erlebt einen rapiden Wandel.

Der »Stern«-Gründer Henri Nannen meinte früher einmal, Zeitschriften entstünden aus den Gesprächen, die die Journalisten in den Redaktionsgängen führen. Heute muss ein Redakteur die sozialen Netze und die richtigen Web-Adressen verfolgen, will er auf dem Laufenden bleiben: Was sind die letzten Trends der Modefirmen, welche Gerüchte halten die politische Szene in Berlin in Atem, und wo kracht es in der Unterhaltungsbranche?

Man nennt das heute »newsfeed«, auf Deutsch »Nachrichtenfutter«. So wählt die heutige Chefredakteurin von »Bunte«, Patricia Riekel, aus einer Fülle von Nachrichten und Informationen die Geschichten aus, die per »Twitter«, aber auch »Path« und »Pinterest« von der Redaktion gesammelt werden – neben den Berichten der

Jeff Bezos, geboren 1964 in
Albuquerque, gehört, ähnlich wie
Gates, schon zur Generation nach
mir. Sein Geschäftsmodell des
E-Commerce hat die Art und Weise
verändert, wie wir heute einkaufen.

noch immer aktiven, exklusiv ans Blatt gebundenen Informanten. Danach legt sie die Interviews fest und den Trend des jeweiligen Artikels, schließlich formuliert sie mit ihren Kollegen die »Headlines« und gestaltet die optische Anmutung des Heftes.

Je sensationeller oder auch irritierender ein »Bunte«- oder »Focus«-Beitrag ausfällt, desto schneller landet er wieder in einem der sozialen Netze. Dadurch entsteht eine Wechselwirkung zwischen Print und Online, die eigentliche Innovation in der Medienwelt. In einer früher nicht vorstellbaren Geschwindigkeit werden Nachrichten und Geschichten ausgetauscht und verbreitet. Zum Beispiel: Eine »Bunte«-Story erreicht über Verkauf und Abonnement etwa vier Millionen Leser pro Woche. Wird sie aber von »Focus Online« übernommen, von »Google News« aufgegriffen und zu anderen Online-Medien per »Links« weitergeleitet, kann sie an einem Tag von 50 Prozent aller Online-Nutzer weltweit wahrgenommen werden.

Geschwindigkeit und Reichweite der Online-Medien können innerhalb von Stunden die Öffentlichkeit in Erregung versetzen. Die Skandale um den ehemaligen Verteidigungsminister Karl-Theodor zu Guttenberg und den ehemaligen Bundespräsidenten Christian Wulff entfesselten eine bis dahin unbekannte mediale Dynamik, die die politischen Entscheidungsprozesse unter heftigen Druck setzte. Früher hätte man das »epidemisch«, »chaotisch« oder »stressintensiv« genannt.

Der Philosoph Peter Sloterdijk hat die Veränderung der Gesellschaft durch die Medien in seinem Buch »Stress und Freiheit«, wie

ich finde, eindrucksvoll beschrieben. Nach ihm besteht die Funktion der Medien in der »digitalen Gesellschaft« darin, zu evozieren, zu provozieren und täglich neue Erregungsvorschläge zu unterbreiten. Erst durch diesen chronisch erzeugten Stress wird die moderne Gesellschaft, die durch den Individualismus ihrer Mitglieder auseinanderzudriften droht, zusammengehalten.

Wenn man sich in Palo Alto aufhält, kann man die Veränderung physisch spüren. Auf der einen Seite liegt der Campus der Stanford University, an der die meisten Gründer der neuen Medien Ingenieurswissenschaft studiert hatten und lernten, Softwareprogramme zu entwickeln. Auf der anderen Seite stehen die innerhalb weniger Jahre errichteten Gebäude, in denen die einzelnen »companies« ihre »centers« untergebracht haben.

Betritt man die Innenräume von »Facebook«, dann umgibt einen ein besonderer Geist: Die lässige Boheme-Haltung, wie sie an der »westcoast« seit Jack Kerouacs Romanen Einzug gehalten hat, die spontane Kreativität und die technische Intelligenz der Mitarbeiter

Mit Stewart Brand kam
Daniel Hillis zur DLD-Konferenz
und stellte die Uhr »The Long Now«
vor, die zehntausend Jahre läuft.
Jeff Bezos hat sie gekauft und
ihr einen erschütterungsfreien
Platz auf seinem texanischen
Anwesen gegeben.

beeindrucken den europäischen Gast. Einen der Softwareschreiber – sie werden dort »coder« genannt – fragte ich, wo er studiert habe und was er heute bei »Facebook« verdiene. Der knapp 22-Jährige antwortete prompt, er habe an der Harvard-Universität seinen Abschluss gemacht und bekomme ein Gehalt von 120 000 Dollar im Jahr. Er fügte noch hinzu, in seiner Firma würden nur die besten Softwareschreiber arbeiten.

Als ich, wie gesagt, im Jahr 1995 mit Bill Gates in Bonn zusammentraf, meinte er, Geld werde im Netz durch Werbung verdient. Mittlerweile wissen wir, die Erlöse aus Anzeigen und »advertising« sind an seiner Firma Microsoft verbeigeflossen und direkt an »Google« gegangen. Der Gigant unter den Suchmaschinenfirmen hat im ersten Halbjahr in Deutschland mehr Umsatz erzielt als die drei großen Zeitschriftenverlage zusammen.

Die andere Erlösquelle, die im Netz eine Rolle spielen könnte, die »paid contents«, die journalistischen Inhalte, also Texte, Fotos, Videos, zu denen man nur per Bezahlung Zugang hat, muss immer noch mit großen Fragezeichen versehen werden. Nach jüngsten Zahlen werden nur 10 Prozent der kostenpflichtigen journalistischen Inhalte von Nutzern abgerufen.

Einen Verlag auf die neue Lage seit der digitalen Revolution einzustellen, heißt, neue Erlösquellen zu finden. »Focus Online« zum Beispiel ist mit dem Portal »HolidayCheck« verbunden, das als Reiseveranstalter große Umsatzsteigerungen, aber auch Gewinne erzielt. Seine Beliebtheit besteht darin, dass Urlauber ihre gebuch-

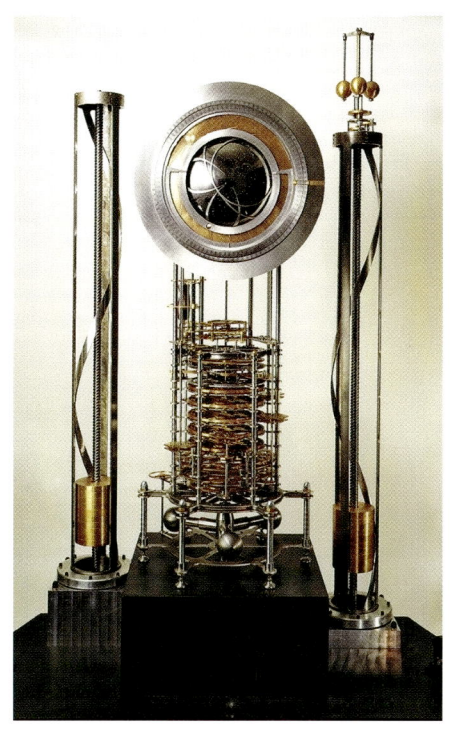

ten Hotels und deren Dienstleistung beurteilen und bei dem Portal veröffentlichen.

Die bei Burda erscheinende Computerzeitschrift »Chip« würde als reines Printprodukt nur rote Zahlen schreiben. Durch ihre Anbindung an zwei Internet-Firmen, die es möglich machen, per Klick PCs, Handys oder iPhones zu bestellen, konnte sie profitabel ausgebaut werden.

Doch ist das wirklich neu? Als mein Großvater, technik- und fortschrittsverliebt, die erste Radiozeitung Deutschlands, »Sürag« 1927 auf den Markt brachte, verkaufte er wenige Jahre später zusammen mit den Abonnements Reisebuchungen und Versicherungspolicen. Meine Mutter sagte mir einmal, dieser Service-Teil habe immer mehr Erträge gebracht als die Radiozeitung selbst.

Epilog

Wie alles begann? Ohne die zehn Jahre, die ich als Chefredakteur von »Bunte« erlebte, hätte ich niemals das richtige Gespür für den Umbruch im Mediengeschäft entwickeln können.

Wie viele in diesem Geschäft kenne ich dessen Höhen und Tiefen. Im Jahr mussten 52 Titelgeschichten produziert werden. Neben erfolgreichen Titeln misslangen mir etliche. Ich schätzte Trends falsch ein und landete Flops. Was ich nicht vergessen kann, ist die spannungsgeladene Atmosphäre in einer kreativen Redaktion, ob in Offenburg oder in München. Sie ähnelte für mich der nervösen Stimmung in einem Musikstudio kurz vor der Aufnahme. Die Lust am Aufbruch, wie sie der Film »Easy Rider« eingefangen hat, und das Sehnen nach Eleganz, wofür das Pariser »Rive gauche« stand – das gefiel mir.

Natürlich verstanden wir uns nicht als »Sturmgeschütz der Demokratie«. Kampagnen-Journalismus war unsere Sache nicht. Wenn man den Unterschied musikalisch beschreiben möchte, so glich »Bunte« eher der Ouvertüre des »Barbier von Sevilla« von Gioacchino Rossini und das politische Nachrichtenmagazin der Ouvertüre zu Richard Wagners Oper »Rienzi«, wenn nicht gar dem »Walkürenritt«.

Es gibt eine große Fraktion unter Journalisten, für die das politisch Korrekte als eine Art Religionsersatz herhalten muss. Diese Form eines sehr deutschen Kulturprotestantismus kam für »Bunte« nicht in Frage. Denn sie wird in München produziert, und München liegt in Bayern und Bayern steht für Barock.

Eine Geschichte liebten wir sehr. In der barocken Wieskirche wurde die Hochzeitsmesse für ein Paar gegeben, das die Neugier der Illustrierten auf sich zog. Der »Bunte«-Fotograf hatte sich unbemerkt direkt hinter dem Altar auf ein Podest gestellt, um möglichst präzise Nahaufnahmen zu schießen. Als der Priester vor der Wandlung an den Tabernakel trat, um ihn umzudrehen und zu öffnen, touchierte er unseren Fotomann. Der geriet aus dem Gleichgewicht und wäre fast auf den Altar gestürzt. Ein Bubenstreich, obwohl wir schon über vierzig Jahre alt waren.

Barock ist von allen Kunstrichtungen diejenige, die am besten zu »Bunte« passt. Im barocken Kunstwerk kommt ja alles zusammen, Könige und große Herren, verlorene Söhne, Dirnen, betrunkene Zecher, Oben und Unten, High and Low.

Als Chefredakteur hatte ich das gesamte Objekt zu verantworten. Darum gingen auch alle Druckrechnungen über meinen Schreibtisch. Kosten konnte man vor allem bei den Vorstufen des Druckes reduzieren: Fotografie, Retusche, Montage und Setzerei, was ein Drittel des ganzen Druckvorgangs ausmachte. Plötzlich gingen die Rechnungen in diesem Bereich von selbst zurück.

Damit begann für mich die digitale Umwälzung, die die Gutenberg-Ära ablösen würde. Vom Schreibcomputer ging man direkt auf den Zylinder oder die Offsetplatte. Und »Focus« war im Jahr 1993 das Magazin, das als Erstes weltweit seine Produktion im Computer erfasste und an die Rotationsmaschine sendete. Natürlich war der Mac der entscheidende Faktor. Er revolutionierte das

Layout und ermöglichte die neue Form der Infografiken. »Focus« nahm das heute so genannte »screendesign« und etablierte sich schnell als modernes Nachrichtenmagazin.

Ab Mitte der neunziger Jahre reiste ich wie ein Prediger durch die deutschen Lande, eröffnete Verlegertagungen, hielt Vorträge vor Politikern, Bankern, Chefs von Handelskonzernen und wurde nicht selten belächelt, wenn ich meine Botschaft von der umstürzenden Computer-Revolution beendet hatte. Bei einer Tagung der werbetreibenden Wirtschaft in Wien sagte einer der Granden des privaten Fernsehens: »Da kommt der Burda mit seinem digitalen Rinderwahnsinn.« Großjournalisten wie Dax-Vorstände hatten Schwierigkeiten, die Innovation wahrzunehmen. Einer offenbarte mir im Jahr 1997, ein Computer käme ihm nicht auf den Schreibtisch.

»Focus Online« gehörte zu den ersten Websites in Deutschland. Doch schnell stellte sich für mich heraus, Einnahmen aus Werbung gehen im Netz vor allem an »Google«. Den »Onlinern« bleiben nur »lousy pennies«, lumpige Pfennige. Darum setzte Hubert Burda Media auf E-Commerce. Heute treiben wir mit vielen Firmen Handel.

Dabei gilt für mich Jeff Bezos als Vorbild. Das erste Mal traf ich ihn im Jahr 1997 auf einem Panel des Weltwirtschaftsgipfels in Davos. Er symbolisiert für mich eine Epoche. Sie begann mit der Hippiebewegung, setzte sich fort mit dem »Whole Earth Catalogue« und den Absolventen der Stanford-Universität, die neue

Software-Programme entwarfen, und erreicht ihren Gipfel durch die rapide wachsende Internet-Industrie. Politik und Wirtschaft, Bildungsinstitutionen und Freizeitgestaltung, nicht zuletzt die Medien erleben einen tiefgreifenden Wandel.

Um das Jahr 1900, in Paris, haben Picasso, Matisse, Braque die moderne Kunst ins Leben gerufen, was einen Einschnitt im Selbstverständnis der europäischen und westlichen Gesellschaften signalisierte. Um das Jahr 2000 hat sich dann wieder eine andere Artistengeneration, die sich auf Algorithmen versteht, darangemacht, die Welt zu verändern. Die Protagonisten heißen Steve Jobs, Mark Zuckerberg, Jeff Bezos oder Larry Page. Sie sind die herausragenden Unternehmer unserer Zeit. Sie bestimmen deren Rhythmus und Sound.

Mit Dank

Rainer Braxmaier

für die Gespräche

und die Gliederung des Stoffes

Ute Dahmen

für die Redaktion

Ruth Gudlat

als Chef vom Dienst

Dieter Wurth

für das Publishing Management

Stephan Sattler

für das Redigieren des Manuskriptes

und Michael Krüger

für all die kritischen Anmerkungen

Register